品类战略

定位理论新发展

CATEGORY STRATEGY

张云 王刚 著

十周年实践版

机械工业出版社
CHINA MACHINE PRESS

图书在版编目（CIP）数据

品类战略（十周年实践版）/ 张云，王刚著 . —北京：机械工业出版社，2017.5
（2025.7 重印）
（定位经典丛书）

ISBN 978-7-111-56830-8

I. 品… II. ①张… ②王… III. 品牌战略 – 研究 – 中国 IV. F279.23

中国版本图书馆 CIP 数据核字（2017）第 083968 号

品类战略（十周年实践版）

出版发行：机械工业出版社（北京市西城区百万庄大街 22 号　邮政编码：100037）

责任编辑：董凤凤　　　　　　　　　　　责任校对：李秋荣

印　　刷：固安县铭成印刷有限公司　　　版　　次：2025 年 7 月第 1 版第 21 次印刷

开　　本：170mm×242mm　1/16　　　　印　　张：14.25

书　　号：ISBN 978-7-111-56830-8　　　定　　价：55.00 元

客服电话：(010) 88361066　68326294

版权所有 · 侵权必究
封底无防伪标均为盗版

推荐序
序言　以商业创新实现中国经济转型
前言

第 1 章　品类时代来临 // 1

品类时代的营销，核心以成为潜在消费者心智中品类代表为目标，通过把握商业发展趋势，发现品类机会，成为消费者心智中的品类代表，并推动品类发展，不断进化，最终主导品类，创建真正的强大品牌。

第 2 章　品类源自分化 // 18

分化本身不会创建品牌，分化的趋势必须和企业的战略相结合，才能诞生新的品类和代表品类的品牌。

第 3 章　开创新品类 // 29

开创新品类是手段，核心的目标是成为潜在消费者心智中品类的代表，因此品牌甚至可以在一群延伸品牌中通过聚焦，打造专家品牌，从而占据品类代表的位置。

第 4 章　品类化的五大要点 // 49

聚焦一款产品有利于品类品牌在消费者心智中清晰树

立新品类的认知。为了确保品牌占据品类最有价值的部分，同时也使新品类在发展初期获得较快的发展，核心品项应该把握品类中最主流的市场。

第 5 章　为新品类定位 // 62

新品类必须把原有的老品类准确地定义为自己的对手，并通过对立性的定位，从老品类中争取到更多的顾客，赢得更多的生意，从而实现更快速的增长。

第 6 章　推出新品类的六个要点 // 68

通常的看法是品牌进入的渠道越多，销售的网络越广，能见度越高，销售量越大。这是一种误区，新品类推出的初期，应避免广铺渠道，这对于那些资金实力不强的中小企业来说，尤为重要。

第 7 章　如何主导新品类 // 81

身为品类的代表和领导者，品牌必须具有从整个品类思考的远见，对品类的前景充满信心，承担起教育和推广品类的责任，只有这样，才能在品类发展中获得最大的回报。

第 8 章　培育企业大树 // 91

不同的品类，"主导"的标志并不相同，但总体的原则是品牌在品类中具有支配性地位，占据稳固的、领先的市场份额，同时在消费者心智中也被公认为第一，它与第二品牌的差距明显。

第 9 章　品类战略实践 // 106

在品类的不同成长阶段，面对不同的竞争态势，企业需要不断地对品牌定位进行调整，但是目的始终如一：成为品类的代表，主导所在品类。

第10章 品类预言回放 // 163

> 品牌战略的首要原则在于聚焦。通常情况下，只有当企业的首个品牌在目标市场或者所在品类占据了主导性地位的前提下，才应该考虑针对新的市场和品类推出新的品牌。

第11章 从品类战略看中国品牌 // 178

> 中粮唯一必需的转型就是从一家强大的产品贸易企业变为一家强大的品牌经营企业；以强大的品牌来整合产业链最优资源，实现企业的良性循环。这才是中粮的正道。

附录A 美的究竟有多美：从美的看家电企业战略模式 // 194

> 美的应该停止扩张，聚焦到空调上来，凭借对变频空调的发力占据空调第一的位置，这也许是美的品牌在空调领域唯一的机会。

附录B 定位思想应用 // 204

附录C 企业家感言 // 207

推荐序

CATEGORY STRATEGY

艾·里斯　里斯伙伴（全球）主席

  大约 10 年前，张云先生给我发了一封邮件，谈了对我们的几本书和几篇文章的看法。此后数年里，我们通过书信等方式讨论不同的案例，在此过程中，我意识到他以及他的伙伴对于营销定律有着惊人的理解力。营销并非一门容易掌握的学科，它需要长年的研究以及对抗传统思维的意愿。张云先生和他的伙伴对于当今全球市场上营销事件的深度见解，非常令我吃惊。这正是我和劳拉选择他们的原因，从 2007 年以来，里斯伙伴中国公司开始为一些中国公司提供咨询服务，获得的成果也令人欣慰。

  这本书体现了两位作者张云和王刚对于如何规划和推进营销战略的深度理解与思考，同时也反映出他们颠覆传统营销思维的意愿。

  今天，与"营销"有关的图书、文章和演讲都在谈论建立"品牌"的必要性。你所见之处，无不是"品牌、品牌、品牌"。当然，建立一个强大的品牌是营销战略的终极目标。但是如何建立强大的品牌？显然，这不是通过思考品牌实现的。品类，只有通过思考品类才能建立强大的品牌。品牌只是营销中直观可见的一个方面而已，它就像是冰山露出水面的尖角，每个强大的品牌底下都有一个具有前景的品类在支撑，就像冰山尖角下面才是冰山的主体，品牌下面的主体是品类，一个品牌的强大和品类本身的强大密不可分。

可口可乐是全球最具价值的品牌，但谁能想到可口可乐品牌的价值一直在缩水呢？为什么会这样？因为可乐这座冰山在融化。举例来说，在过去6年中，美国市场上人均可乐的消耗每年减少3%。可口可乐品牌的价值取决于可乐品类。

要建立一个新品牌，你首先要从品类角度去思考，然后再来考虑品牌。正因为如此，苹果公司成为如今全球最具价值的技术公司，它主导了三个品类：大容量MP3音乐播放器品类（iPod）、触屏智能手机品类（iPhone）和平板电脑品类（iPad）。

苹果公司对于这三个新品类的研发使得该公司成为技术领域的领先者。苹果公司从亏损到盈利的局面扭转，反差之巨大令人难以置信。10年前，苹果公司的销售额为54亿美元，亏损2500万美元。2010年，苹果公司的销售额达到652亿美元，税后净利润为140亿美元。

就是这样，几乎每个"品牌"的成功首先都是"品类"的成功。要想在今天的全球市场上取得成功，公司必须首先思考品类，其次才是品牌。

在这本书中，张云和王刚系统地向中国企业介绍了这一革命性的新思想，并结合全球以及中国市场的例子阐述了企业如何以"品类"为核心推进营销战略的方法和步骤。我坚信，它将为中国企业在营销上的成功带来重要的启示和巨大的帮助。

2011年7月3日于亚特兰大

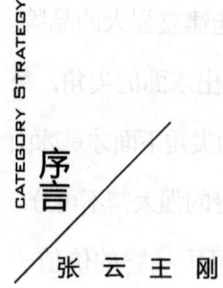

序言

张云 王刚

以商业创新实现中国经济转型

1954年，德鲁克先生写成管理学经典名著《管理的实践》(*The Practice of Management*)，这本著作奠定了德鲁克先生现代管理学奠基人的地位。在《管理的实践》一书中，德鲁克先生指出"管理企业"的唯一目的就是创造顾客，为了创造顾客，企业的基本职能就是营销和创新。

今天，创新已经成为全球企业关注的焦点，中国政府也提出了"建设创新型社会"的战略。然而，企业对创新的认识依然存在巨大的偏差和误区，其中之一就是把创新片面地等同于技术创新。

回顾历史，中国并不欠缺重大科技发明和创新，真正欠缺的是把发明转化为商业效益的能力。"四大发明"没有帮助中国建立起任何商业上的竞争优势，也没有发展出中国经济的支柱产业、诞生出世界级企业。与之形成鲜明对比的是，爱迪生发明了电灯，造就了一度全球最大的企业——通用电气；西门子发明了电动机，造就了欧洲最大的企业——西门子公司。

不仅仅是"四大发明"，丝绸、陶瓷、白酒、中药、茶叶等这些中国"原创"的产品同样没有为中国创造出世界级的企业和品牌。尤其可悲的是，茶叶原创于中国，但中国市场上最知名的茶叶品牌是来自英国的立顿，立顿单一品牌全球的销售额一度接近中国茶业产值的总和。这才是最值得中国政府和企业家重视与反思的问题。

美国经济的强大，其根基在于拥有可口可乐、万宝路、宝洁、麦当劳、肯德基、星巴克、沃尔玛等强大的品牌以及这些品牌所造就的企业。实际上，这些企业在科技方面都没有什么惊天动地的发明创造。曾经世界上最风靡的品牌可口可乐起源于治疗头痛的药水，由一个普通的药剂师配制而成。其他如麦当劳、星巴克、沃尔玛等多属此类。美国企业发展的历史证明商业创新的本质就是将营销和技术创新相结合，最终实现品类创新。

从这个意义上讲，品类战略实现了德鲁克先生所说的企业两大基本职能——营销和创新的完美统一。实际上，营销和创新根本无法分开，创新一旦脱离了"营销"这一企业唯一的利润中心，将无法为企业和国家创造任何价值。正因为如此，定位之父艾·里斯先生指出，企业实际只有一个职能，那就是开创并主导一个品类。

品类战略需要企业家精神

中国经济能否成功转型的关键在于企业的经营能否摆脱今天普遍依靠生产同质化产品、低价竞争的模式，而无论对于大企业还是中小企业而言，最具成效的方法是实施品类战略，开创新品类。

当然，开创一个全新的品类并成为第一，需要企业家的直觉和勇气。由于历史、经济发展等诸多复杂因素的影响，今天的中国明显缺乏鼓励商业创新的文化。例如，国内风险投资公司在判断一个项目是否具有投资价值和前景的时候，最重要的依据是去看国外有无类似的成功模式，这种做法显然对中国企业家产生了极其负面的影响。当我们建议国内企业开创一个新品类的时候，企业家首先的反应就是去找国外是否有成功的范例，最常见的问题是："既然新品类的市场前景那么巨大，为什么国外企业没有去做？""既然美国市场化程度那么高，美国企业那么聪明，为何美国没有出现这种模式？"同样是开创一个新品类，对于美国企业而言，全世界没有相同的做法是一个有力的支持和依据。但对于中国企业而言，这则成为一个致命的缺陷。这或许才是中国企业创建强大品牌的瓶颈所在。

中国企业的未来属于新品类

联想集团创始人柳传志曾经在一次论坛上分享自己的创业经验。他认为，如果要创业，就要想清楚是做小草还是大树。"我自己就是不管不顾，坚决要当大树。"他说，世界就是靠大树在向前拉动。作为中国最具影响的企业家之一，联想的成就以及柳传志先生的责任感无疑令人尊重，但从企业的实践来看，我们认为联想的做法并不值得中国企业效仿。尤其是联想推出 iPhone 的"山寨版"乐 Phone 手机的移动互联战略，委实令人感到遗憾。

中国国际化程度最高、最具影响力的企业尚且如此，那么那些以联想为榜样的中小企业当如何做？如果中国企业都如乐 Phone 一样坚持做国外品牌的"山寨版",缺乏品类创新的勇气,那么将永远没有机会在全球建立起真正处于主导地位的品牌,中国经济增长方式的转型也将无从谈起。

放眼今天的国内企业界,真正值得中国企业学习的榜样并非那些处于媒体聚光灯下体量庞大的企业,如海尔、联想,而是那些致力于品类创新和主导品类的企业,如家电领域的格力、汽车领域的长城、饮料领域的王老吉、餐饮领域的真功夫等。尤其值得强调的例子是格力,十几年来,格力一直专注于空调领域,从一家默默无闻的小型空调企业发展成为中国盈利最高、发展最健康的家电企业。遗憾的是格力战略和模式一直被当作另类,未被中国企业普遍关注。当然,今天格力也面临当主导一个品类之后如何发展第二品类的困境,而这恰恰是品类战略关注的重点。

自 2007 年进入中国以来,里斯伙伴一直致力于协助中国企业进行品类战略实践,至今刚好 10 年整。我们先后在汽车、家电、饮料、食品、餐饮、B2B 等领域播下了品类战略的种子,尽管时间较短,但目前这些品牌和企业普遍发展势头良好,竞争力和盈利水平明显优于行业内其他企业。以长城汽车为例,在过去的 8 年中,它的利润增长了 20 倍,股票市值增长将近 70 倍。而老板电器则借助品类战略拉开胶着多年的对手,成为家电领域第一个真正意义上在高端市场成为全球销量第一的品牌。同样,老板电器长期保持每年 40% ~ 50% 的利润增长,即使在经历了 2015 年的股市动荡后,股票仍然保持 40% 以上的增长。我们希望,假以时日,这些品牌能发展成为中国企业的新标杆。当然,我们更加期望的是,更多的中国企业能从本书中得到启发,成功地开创新品类,推动企业转型。如此,中国经济的转型才能真正成为可能。

前言

1963年，艾·里斯先生离开了工作多年的通用电气公司，在纽约成立了里斯伙伴公司，致力于寻找和定义"营销和品牌创建中的关键力量与法则"。在多年的实践中，里斯先生逐渐形成了新的营销哲学："用一种最简单、清晰的方式表达复杂的产品，同时所有营销活动都基于顾客的心智认知展开"。这是定位思想的雏形，当时使用"Rock"（如岩石般坚硬、无可置疑的出击点）这个词来概括，但里斯先生还不是非常满意。1968年年底，杰克·特劳特先生加入里斯伙伴，出任客户经理。1969年2月3日晚上，特劳特先生发了一封备忘录给里斯先生和其他伙伴："诸位，我想到了用'定位'这个词来概括你们的想法……""定位"（positioning）得到了大家的一致认可，正式被用来概括里斯伙伴的营销哲学。这就是营销史上著名的"定位"理论的起源。在随后30多年的时间里，定位理论席卷全球，引发了营销界的一场思想与实践的革命，最终成为营销和品牌领域中新的行业标准。2001年，美国营销协会评选有史以来对美国营销影响最大的观念，"定位"理论击败瑞夫斯的USP理论、奥格威的"品牌形象"理论、科特勒的"营销管理"理论，最终当选。

定位理论最重要的贡献是在营销史上首次指出：营销的终极战场并非工厂，也非遍布大街小巷的商店，而是潜在顾客的心智，企业的营销和战略要获得成功，必须首先考虑并结合潜在顾客的心智特征。关于顾客心智的研究与挖掘，成为现代营销的重要组成部分，也是里斯先生毕生营销思想的基石。

企业究竟如何立足于潜在顾客心智展开营销和品牌战略的规划，在过去的40年里，其方法随着竞争环境的变化不断更新和发展。

1972年，艾·里斯和杰克·特劳特在《定位时代来临》系列文章中，提出了"领导者定位""比附定位""为竞争对手重新定位"三种定位方法。

20世纪70年代末，随着市场竞争加剧，大量满足需求的企业和品牌纷纷陷入困境。早年从军的经历使艾·里斯从"竞争的极端形式——战争"中受到启发，逐渐形成了"营销战"思想。1979年6月，艾·里斯和杰克·特劳特回顾定位理论的发展，他们指出："70年代营销战略方法的名字是定位，80年代营销战略方法的名字是营销战"。⊖

20世纪80年代末，来自华尔街年复一年的增长压力，迫使美国的大企业纷纷走上多元化发展的道路，最终IBM、西尔斯百货、西屋电器、通用电气等大企业纷纷陷入亏损的泥潭。1989年10月，在美国第30届年度餐饮行业大会上，里斯再次提出新的观点："今天市场生存的三个基本法则是聚焦、聚焦、再聚焦。"1994年，艾·里斯和杰克·特劳特联合接

⊖ 引自 *Industrial Marketing* 杂志1979年7月刊，艾·里斯和杰克·特劳特发表专文：*positioning: Ten Years Later*。

受采访时指出:"下一个10年,美国企业应该关注聚焦。"㊀

尽管在过去30年里提出的每一种营销战略方法都在企业界产生了巨大的影响,但艾·里斯并未满足,他说:"我们相信,必有一条正在发挥效力的重要原则还未被界定、定义和解释。"㊁进入新世纪之后,艾·里斯和他的新搭档(也是他的女儿)劳拉·里斯从生物学的定义之作《物种起源》中得到启发,发现自然界的分化和进化的交互作用为商业界提供了现成的模型。

2003年,艾·里斯应邀出席美国硅谷大会,做"如何创建高科技品牌"的主题演讲,听众包括比尔·盖茨和英特尔前董事长安迪·格鲁夫在内的全美IT和互联网企业的商业领袖。在这个主题演讲中,艾·里斯指出:打造品牌最重要的商业力量是分化,企业要获得成功,关键在于开创一个新品类。

2004年,艾·里斯和劳拉·里斯联手推出了过去几十年来"最重要的一本书"——《品牌的起源》。《品牌的起源》揭示了商业界竞争规律与自然界竞争规律的共通之处,指出"品类是商业界的物种,是隐藏在品牌背后的关键力量",从此宣告人们对营销的认识从品牌时代进入品类时代。

2007年8月,里斯伙伴中国公司成立,并在中国正式发布了《品类战略:中国企业如何创品牌》的报告。报告首次结合中国企业实情,系统介绍了由定位之父、里斯伙伴全球主席艾·里斯先生创建的代表定位理论体系发展巅峰的战略方法——品类战略。报告发布之后,引起了中国企业界、学界和政府部门的广泛关注与热烈反响。

㊀ 引自 Advertising age(《广告时代》)1994年6月13日刊,艾·里斯和杰克·特劳特接受采访时的报道,文章为:"Refocusing" for Next 25 years。

㊁ 引自《品牌的起源》前言第1页。

报告在很多企业内部被广泛影印、传阅和学习，包括家电企业中的格力、创维、美的、海尔等，汽车企业中的吉利、长城、奇瑞、海马、通用汽车（中国）等，食品饮料企业中的可口可乐（中国）、百事可乐（中国）、青岛啤酒、娃哈哈集团、威龙、汇源、蒙牛等，日化企业中的宝洁（中国）等，餐饮企业中的真功夫等，食用油企业中的鲁花等，服装企业中的AB集团等，制药企业中的哈药集团、仁和药业、神威药业等，还有中国大飞机公司、中石化集团、中信集团、中国一拖集团、喜临门集团等。

整个中国烟草都掀起了品类战略的学习风潮。2008年6月5日，中国烟草系统专门在武汉召开了中式卷烟品类构建与创新研讨大会，国家烟草专卖局时任副局长李克明提出"中国烟草的品类竞争已经成为品牌竞争的新形势"，号召"在卷烟同质化严重的情况下，各品牌都应该通过创建新品类，成为品类代表"。

中国商务部、上海市政府、天津滨海新区等政府机构专门索要报告……

与此同时，由于对品类战略缺乏深入系统的了解，国内企业在实践中也纷纷陷入误区：由于混淆品类的进化和分化，维维豆奶丧失了上百亿的"植物奶"的机会；由于忽视品类立足于心智而非企业和行业，众多白酒和卷烟企业把品类创新聚焦于"香型"，实际上，消费者对"香型"并无多少认知，消费者心智中的品类在于价格；由于忽视品类化的原则，"原叶"等原本有机会改变瓶装茶饮料市场格局的品牌，最终虚弱地存活；由于选择了错误的品牌发展战略模式，养生堂虽然在品类创新方面屡有突破，但未能获得最好的收益；汇源则陷入盲目扩张品类的误区……

正因为如此,我们对品类战略的方法进行了更为系统和细致的整理,尤其结合中国企业在理解和实践中的普遍误区进行了更为细致的解释与矫正,希望以此进一步推动中国企业品类战略的实践。我们相信,未来属于中国,未来也属于新品类,依托"中国"这一品类的成长,中国企业通过品类创新必将创建出真正的世界级品牌。

CATEGORY STRATEGY

第 1 章

01

品类时代来临

品类时代的营销,核心以成为潜在消费者心智中品类代表为目标,通过把握商业发展趋势,发现品类机会,成为消费者心智中的品类代表,并推动品类发展,不断进化,最终主导品类,创建真正的强大品牌。

自20世纪中叶以来，随着可口可乐、麦当劳、英特尔、奔驰、宝马、IBM、微软等品牌在全世界攻城略地，如何创建强大的品牌逐渐成为全球企业新的关注焦点。中国也不例外，企业家越来越认识到品牌的重要性，创建世界级品牌成为众多中国企业的首要目标。

然而，改革开放30多年来，中国企业创建品牌的道路走得并不平坦。直到今天，中国尚未诞生真正意义上的全球性品牌，追溯其中原因，中国改革开放的时间较晚、企业发展历程较短固然是一个重要因素，但中国企业整体上缺乏对品牌本质的正确理解、没有掌握正确的品牌创建方法，才是最根本的原因。这种认识上的不足已经使相当多的企业步入歧路，逐步丧失竞争力。在下一个30年里，中国经济结构面临转型，中国企业面临着更加严峻的全球性挑战，如何认识品牌？如何打造真正具有竞争力的世界级品牌？中国企业迫切需要自我审视和反思。

品牌神创论的终结

长期以来，中国企业普遍认为品牌的核心就是一个完美的形象，强调在产品同质时代，企业应通过建立差异化的形象来区别于竞争对手，其核心在于创造一个与众不同的形象。企业应该建立品牌的知名度、美誉度、忠诚度，以此塑造品牌的核心价值，如奥美广告公司提出"品牌管家"的理念，强调品牌创建的过程即一个伟大形象的诞生过程；JWT自诩为品牌"神庙"，宣称自己擅长为企业打造"摄众品牌"……这些国际广告公司不断将"品牌"这个概念神化，将品牌的成功归结为依靠少数聪明人头脑中迸发出的"大创意"。品牌神创论的观点甚嚣尘上，乃至衍生出如下论断：产品可能消亡，品牌将会永生。

现实情况真的如此吗？

柯达的没落

2010年12月11日，美国标准普尔500指数成分股进行调整，具有130年历史的悠久品牌柯达被踢出局。12月30日，全球最后一卷柯达克罗姆彩色胶卷在美国堪萨斯州的一家小型冲印社冲印完毕，柯达宣布从此停止冲洗和晒印柯达彩色胶卷的业务。曾经影响几代人的柯达品牌正在走向没落，"你按下按钮，剩下的交给我们"渐成绝响。

柯达"精彩一刻"的品牌形象曾经被无数企业、品牌专家奉为经典。在过去的几年里，柯达在不停地邀请各种广告公司和咨询公司来"改变柯达老化的品牌形象"，首先是更换了柯达的LOGO，然后将"色彩牌"作为自己的主线，明显区别于过去胶卷推广中的"亲情牌"。事实上，这些工作没有多少实际意义，柯达品牌持续地衰落下去。整个2012财年，柯达亏损额扩大80%，至13.8亿美元。如果不计重组成本，全年亏损为3.08亿美元。柯达于2013年2月2日宣布，其已正式完成数字成像专利的拍卖交易，获益5.27亿美元，买方包括苹果、谷歌等公司。

作为曾经强有力的品牌，柯达具有高度的知名度和经典形象，但是为什么柯达品牌陷入了今天的困境？

诺基亚的衰落

2013年9月3日，诺基亚以54亿欧元将自己的手机业务出售给微软，微软宣布完成收购后将逐渐放弃诺基亚品牌，未来将在智能手机业务上启用Lumia品牌。2007年诺基亚还如日中天，市值超过1100亿欧元（约合1147亿美元），但是到2012年诺基亚市值已经仅为148亿欧元，5年内市值缩水1000亿欧元。诺基亚的问题出在哪里？是品牌形象吗？诺基亚拥有大量的代理商和咨询公司为其管理品牌形象，一直保持品牌的与时俱进。无论从知名度、美誉度还是忠诚度来看，诺基亚的品牌毫无问题。可为什么诺基亚如此迅速地消亡？

茅台的尴尬

2011年9月19日，茅台集团将全资子公司茅台啤酒70%的股权出售给华润雪花啤酒，售价为2.7亿元。

国酒茅台分别于2000年和2002年推出茅台啤酒和茅台葡萄酒。过去10年，尽管茅台投入大量资源，对啤酒和葡萄酒进行了推广，"国酒品质、一脉相承、红色国酒"等宣传铺天盖地，但市场反响极其惨淡。茅台啤酒持续亏损，而茅台葡萄酒则沦为茅台白酒销售的搭赠品，有的茅台专卖店一度采取"买一瓶43度茅台赠一瓶茅台干红"的营销策略。

作为"国酒"，茅台长期以来被认为是酿酒行业最有价值的品牌，在它的消费者群体中享有极高的品牌忠诚度，但是为什么茅台啤酒和茅台葡萄酒今日的处境如此尴尬？

现实中真有"品牌管家"所说的"至爱品牌"吗？真的是品牌在决定人们的购买行为吗？从柯达、诺基亚到茅台，无一不是消费者耳熟能详的大品牌，长期在所处领域居于领导地位，在全球消费者心目中也拥有极高的美誉度和忠诚度，但是，为什么在最近几年中，这些如雷贯耳的大品牌纷纷陷入困境？如果品牌决定着人们的购买行为，消费者真的爱品牌的话，为什么消费者不继续忠诚于柯达的数码相机、诺基亚的智能手机、茅台的啤酒和葡萄酒？

更进一步，如果是品牌决定了消费者的购买行为，那么为什么通用电气、可口可乐、茅台等这些早期建立起来的品牌没有赢家通吃？消费者为什么不去购买它们生产制造的所有产品？为什么会诞生百事可乐、宝马、宜家、沃尔玛这些新的品牌？如此，上述那些让人至爱的品牌理应统治商业世界，打造新品牌的机会将全然没有，后来的企业将没有任何前途才对。

但是，实际情况并非如此。显然，传统意义上对品牌的理解和认识已经无法解释这些现实问题。多年来中国企业的实践也已经证明，品牌形象无法帮助企业真正建立品牌，企业投入巨资所塑造的品牌形象可以增加顾客好感，但并不是促进销售的核心力量。相反，发展势头较好的中国品牌，在品牌方面往往并无"品牌管家"所倡导的"大创意"可言，例如格力、百度、王老吉等。

由于创建和传播品牌形象需要企业投入巨额资金，还无法保证取得满意的进展，所以很多中国企业产生了诸如"做品牌是大企业、有资金实力的企业才做的事""做品牌不会在短期见效，只有长期才会有效果"等看法。它们把做品牌当作锦上添花之举，甚至认为"企业应该先重销量，再做品牌"，进入了把品牌和销量截然隔离的误区，进而对"创建品牌"产生心理上的排斥。

但是，企业创建品牌的目的不正在于提升产品溢价，实现更好、更稳定的销售吗？实际上，没有任何一个真正意义上的品牌长期处于滞销的状态，也没有任何一个品牌在滞销的情况下还可以保持所谓的美好形象。

品牌的核心与本质到底是什么？究竟应该如何打造品牌？

心智，商业竞争的终极战场

为了更好地回答这个问题，我们首先回顾一下商业发展的历史。近一个世纪以来，商业社会发生了翻天覆地的变化，企业间竞争场所在不断地转移，简单来看，大致经历了以下三个阶段。

工厂阶段

20世纪四五十年代，当时的西方各国处于第二次世界大战战后初期，物资短缺，产品供不应求，企业不愁产品没有销路，竞争基本处于"工厂生产什么，顾客就买什么"的工厂时代。企业竞争的核心地点集中在工厂，产品为王。

美国的福特汽车是这个时代的企业领袖。福特倾全力于汽车的大规模生产，不断完善流水线作业模式，努力降低产品成本，从而不断降低售价，提高福特汽车的市场占有率。当时亨利·福特曾傲慢地宣称："不管顾客需要什么颜色的汽车，我只有一种——黑色。"

自20世纪70年代起，中国开始进行改革开放，市场发展同样从工厂时代起步。

中国卷烟品牌红塔山的成功崛起就在于它把握住了那个时代的特征。当时的玉溪卷烟厂厂长褚时健提出了"以烟田为第一车间"，深入农户烟田，狠抓烟叶质量，并大胆决策动用几乎云南省全年的外汇储备购买了当时国际先进的卷烟生产线。红塔山在国内卷烟行业中率先解决了生产问题，一举走向全国。

1984年，张瑞敏刚刚出任青岛电冰箱总厂（海尔的前身）厂长，面对着76台存在质量问题的新冰箱（当时一台冰箱的价格是800多元，相当于一名职工两年的收入），张瑞敏宣布，这些冰箱要全部砸掉，谁干的谁来砸，并抡起大锤亲手砸了第一锤！"质量"两字就这样被牢牢刻进了每个职工的心里，而张瑞敏"大锤企业家"的美名也开始在社会上渐渐传扬开来。4年以后的1988年12月，海尔冰箱在全国冰箱评比中以最高分获得国家质量金奖，这是中国电冰箱史上第一枚质量金牌，海尔冰箱从此成为中国电冰箱行业的领头羊，其领先地位一直保持到今天。

在工厂为战场的时代，企业"营销"的焦点在于如何多、快、好、省地进行生产。

市场阶段

20世纪六七十年代以后，由于技术的进步、科学管理和大规模生产的推广，生产率得到提高，新产品不断涌现，产品极大丰富，企业之间竞争的主战场由工厂转移到市场。

美国零售业巨头沃尔玛的第一家沃尔玛百货商店（1962年）和凯马特的第一家凯马特折扣商店（1962年）都是在这个阶段成立的，经销渠道成为主导竞争的重要因素。这个阶段企业的口号是"得渠道者得天下"。

20世纪90年代，中国市场也进入了这个阶段。国美（1987年1月1日成立）和苏宁（1990年12月26日成立）先后成立。格力、娃哈哈等企业则通过率先建立起自有的庞大渠道网络获得了快速成长。1994年，娃哈哈在中国快速消费品行业中率先建立起了覆盖全国尤其是城乡市场的销售网络。依靠这一联营体网络，娃哈哈的产品包括非常可乐等得以在"两乐"暂时无法渗入的城乡市场占据了自己的空间，也因此获得达能青睐并与其进行合资。

2003年，红塔集团推动内部营销变革，将之前的"把烟田作为第一车间"的口号转变为"把市场作为第一车间"，成功制止衰落趋势，实现了恢复性增长。

在这个阶段，企业"营销"的焦点在抢占市场空白和争夺渠道资源上。在此背景下，1967年，菲利普·科特勒在美国出版了《营销管理》一书，该书总结了20世纪五六十年代美国企业界的实践成果，成为营销理论的集大成者。1984年，《营销管理》中文版推出，影响了千万中国企业家和营销人。

心智阶段

自20世纪六七十年代以来，一方面，媒介的爆炸和互联网的发展使人类进入了"信息时代"。1993年，美国总统克林顿提出将建设"信息高速公路"作为振兴美国经济的一项重要措施。"信息高速公路"成为美国的国家建设计划。另一方面，商业的发展推动了产品的极大丰富、产品数量的急剧增加，消费者面对成千上万的新产品，更加难以决策。企业发现，很多可以满足消费者需求的优质产品，却难以取得良好的市场表现。

1972年，艾·里斯和杰克·特劳特先生提出的"定位"观念，将"心智"（mind）概念引入商业领域，在营销史上首次指出"企业竞争的终极战场不是工厂，也不是市场，而是消费者的心智"，并在1981年出版的《定位：争夺用户心智的战争》（*Positioning: The Battle for Your Mind*）一书中予以明确。

定位理论指出："要想在这个传播过度的社会中取得成功，企业必须在潜在顾客的心智中占有一个位置。这个位置不仅需要考虑企业自身的优势和劣势，还需要考虑竞争对手的优势与劣势。"简单来说，定位就是"如何让你在潜在顾客的心智中与众不同"。

把消费者心智中的已有认知或者说心智模式当成现实来接受，然后重构这些认知，以便在消费者心智中确立想要的"位置"，这是定位思想的本质所在。

企业之间竞争的主战场再次前移，由市场转移到消费者心智。心智为王，能否抢占"心智资源"、占据有利的"消费者心智地位"成为企业间竞争的关键因素。定位理论提出以后，迅速受到企业界的推崇，并被评选为"有史以来对美国营销影响最大的观念"。

心智及心智模式

在消费者心智的战场上，企业如何赢得竞争？首先必须深入了解消费者的心智认知模式。所谓"心智"就是人们过滤信息、接受信息、处理信息和存储信息的方式与空间。

心理学家研究发现，人的心智其实是有限的；心智崇尚简单，厌恶混乱；心智还具有强烈的不安全感；心智不易改变，先入为主；心智容易失去焦点。基于心智的这些基本特性，人们在逐渐成长的过程中会形成一些关于我们自己、别人、组织及周围世界每个层面的假设、形象和故事，这些假设、形象和故事深植我们心中，并深受习惯思维、定式思维、已有知识的局限。这些已经形成的、既有的认知就是"心智模式"。

我们的心智模式不仅决定我们如何认知周遭世界，并影响我们如何采取行动。在商业和市场中，心智模式对消费行为具有决定性影响。哈佛大学的心理学家阿吉瑞斯说："虽然人们的行为未必总是与他们所拥护的理论（他们所说的）一致，但他们的行为必定与其所使用的理论（他们的心智模式）一致。"这就是我们通常说的，消费者常常"口是心非""言不由衷"，常规的市场调查难以获得真正有用的信息，但消费者的行为一定和其心智模式保持一致。

为什么心智模式对我们的所作所为有这么大的影响力？因为心智模式影响我们所"看见"的事物。两个具有不同心智模式的人观察相同的事件，会有不同的描述，这是因为他们看到的重点不同。即使在理论上应该是最"客观"的科学家，也无法绝对客观地观察这个世界。这就是我们常说的"认知就是事实"。

心智资源与心智份额

经由时间的积累和口碑相传，人们对某些事物形成较为固定的评价和认知，在这些认知当中，正面的部分被我们称为"心智资源"。国家具有心智资源，例如日本的电子、汽车，美国的软件、PC、飞机，法国的服装、红酒，俄罗斯的伏特加、鱼子酱，瑞士的手表、银行等。同一国家不同地区也有心智资源，例如贵州的酒、云南的烟、山西的醋等。

在企业营销中如果能够充分地挖掘和利用心智资源，将起到事半功倍的作用。比如在云南白药推出的众多产品中，成功者都充分借助了百年发展过程中积累下来的"止血良药"的心智资源。甚至国家、地区政府的发展战略，也应该立足于具有心智资源的产业，而不应当盲目跟风，例如贵州发展服装行业、高科技产业就先天不足。

所谓心智份额，就是品牌在潜在顾客心智中的占有率，我们通常用品牌作为心智中首选品牌的比例来评估品牌的心智份额；心智决定市场，尽管可能存在某一品牌短期内在市场份额上表现出优于心智份额上领先品牌的情况，但从长远来看，品牌心智份额决定市场份额，赢得心智份额的品牌最终将获得相应的市场地位。例如，在中国消费者的心智中，茅台代表最好的白酒，拥有领先的高档白酒心智份额，即使市场份额在 20 世纪 90 年代末被五粮液阶段性赶超，但今天茅台仍然赢得市场的领先地位。

诺基亚也曾意识到真正的威胁不在于市场份额的流失，而是消费者心智份额的下滑。诺基亚 CEO 斯蒂芬·埃洛普（Stephen Elop）在内部备忘录中曾写道："与此同时，我们已经失去了市场份额、心智份额（mind share）和时间"，"消费者对于诺基亚的偏好在全球范围内陷入衰退。在英国，我们的品牌偏好度下滑至 20%，比去年同期低 8%。这意味着，5 个英国人中，只有 1 个更喜欢诺基亚产品。在俄罗斯、德国、印度尼西亚、阿联酋及其他许多国家，诺基亚曾长期占据优势，如今却也陷入衰退"。

品类，隐藏在品牌背后的关键营销力量

如何更好地赢得顾客心智，成功地建立品牌？在过去的半个世纪里，定位之父艾·里斯在实践中围绕这个问题一直不断发展和完善着定位理论。由于年轻时参加过第二次世界大战，他从经典军事著作《战争论》中得到启发，于 20 世纪 80 年代，发展出了"营销战"思想，提出企业应当根据品牌心智地位的不同采用"防守""进攻""侧翼""游击"四种战略模型，这

四种战略模型被全球著名商学院广泛采用；20世纪90年代，针对欧美大企业在资本市场的增长压力下盲目多元化，而纷纷陷入困境的情况，他发展出"聚焦战略"，指出：无论企业和品牌，聚焦是获得竞争力、走向成功的法宝，从而影响了一大批知名企业如通用电气、诺基亚等的商业实践。

1998年，艾·里斯与定位理论的卓越继承人劳拉·里斯在两人合著的《品牌22律》一书中首次指出："品牌是顾客心智中某一品类的代表。"2004年，两人推出了被称为"迄今为止最重要的著作"——《品牌的起源》一书，将定位理论推向新的巅峰。书中指出，品类就是商业界的物种，品牌是潜在顾客心智中品类的代表，打造品牌的关键就在于开创新品类，同时对企业如何把握未来趋势，如何开创、发展新品类做了系统的介绍。从此，"品类"一词开始被营销领域和企业界广泛关注，品类战略引领全球企业营销实践正式进入品类时代。

品类，老词新意

"品类"（category）并不是一个新词，它最初被广泛用于销售管理领域，A.C.尼尔森对品类的定义是"确定什么产品组成小组和类别"，这是基于市场或者销售管理角度的定义。今天在企业界，品类营销是一个热门的话题，被很多企业所提及，值得注意的是，企业所提及的品类，仍然是基于市场而非心智，二者有巨大的差异。

心智角度的品类是什么呢？1956年，美国认知心理学的先驱乔治·米勒（George A. Miller）发表研究报告《神奇的数字7±2：我们信息加工能力的局限》。在对消费者心智做了大量实验研究之后，米勒发现，心智处理信息的方式是把信息归类，然后加以命名，最后储存的是这个命名而非输入信息本身。

也就是说，消费者面对成千上万的产品信息，习惯于把相似的产品进行归类，而且通常只会记住该类产品的代表性品牌。消费者心智对信息的归类，我们就称之为"品类"。形象地说，品类就是消费者心智中储存不同类别信息的"小格子"。品类的打造是一个动词而非名词，在此我们使用"categoring"这个词来表达"品类化"这个动态概念。

市场角度的品类与心智角度的品类有何不同？有时候，二者是一致的。例如，在市场中，汽车和卡车并不属于同一个品类，在心智中也一样。但很多时候，二者并不一样。例如，从市场的角度看，浓缩果汁与非浓缩果汁属于一个类别，但是从心智的角度看，它们属于不同品类。从市场的角度看，不存在一个叫作安全轿车的类别，但是从心智的角度看，安全轿车的类别十分清晰。

品类既非单纯的产品概念，也非单纯的传播概念，甚至也不是一个单纯的营销概念，而是一个几乎所有的营销要素的集合。品类创新是企业创新和营销的集合。

品类是顾客消费的驱动力

在商场、超市中，我们常常会看到消费者指名购买某个品牌，消费者的这种行为长期以来给企业和营销人员造成了误导，认为是品牌的因素决定了消费者的购买，于是投入巨资宣传品牌，并把品牌当作大伞，在品牌的大伞下不断地放进各种产品。

实际上，引起消费者购买欲望、推动他购买的并不是品牌，而是品类，只有在消费者决定了品类之后，才说出该品类的代表性品牌，我们把消费者的这种行为特征称为"用品类来思考，用品牌来表达"。

例如，消费者想要购买一瓶饮料的时候，通常会先考虑购买可乐、纯净水还是绿茶或者果汁，一旦确定了购买可乐，他会说出可口可乐的名字，或者走到可口可乐货架面前把它拿走。同样，消费者在准备购买一辆豪华车之前,通常会在乘坐舒适的豪华车和充满驾驶乐趣的豪华车之间考虑,一旦确定了后者,他通常会说"我想买一辆宝马"。

品牌竞争的实质是品类之争

在消费者心智中相互竞争的并非品牌,而是品类。宝马与奔驰的竞争,实质上是窄小、灵活的驾驶机器与宽大、气派的乘坐机器之间的竞争;百事可乐与可口可乐的竞争,实质上是经典可乐与新一代可乐之间的竞争;茅台与五粮液的竞争,实质上是传统酱香型高档白酒与现代浓香型高档白酒之间的竞争;鲁花与金龙鱼的竞争,实质上是花生油与调和油之间的竞争。

当数码成像逐渐取代传统成像技术时,传统相机和胶卷的代表品牌柯达也不可避免地走向没落,这个结局就算世界上最有创意的品牌形象也无法挽回(遗憾的是,虽然柯达发明了数码成像技术,但是它的CEO没有听从艾·里斯先生的建议,把握数码成像的新品类机会,及时启动第二品牌)。

诺基亚所面临的挑战,本质是其代表的传统手机与智能手机品类的竞争。随着智能手机品类逐步取代传统手机,诺基亚品牌的没落同样不可避免。

上网本与平板电脑、平板电脑与电子书、笔记本与台式机之间的竞争无不如此。跳出品牌的思维限制,从品类的角度,可以更好地把握营销竞争的关键。百度的CEO李彦宏曾经对他的品牌总监说:"我们不需要谈品牌,我们的目标只有一个,做中文搜索第一。"此可谓一言中的。

先有品类,后有品牌,然后有形象

品牌一旦建立,形象随之形成。企业无法在没有市场和消费者的情况下,通过建立某种形象而创建品牌,缺乏主导性市场地位的品牌也很难建立理想的形象。品牌形象的建立也无法依赖广告传播,实际上,品牌典型的消费者形象通常就是品牌形象的基础，当潜在的消费者接触一个品牌的时候，首先想到的问题是：这个品牌是什么人在使用？这些人与自己期望的形象是否吻合？这种认知并不依赖于广告的传播，而需借助口碑和公关形成。

例如，通用汽车先后耗费了7000万美元的天价，邀请著名高尔夫球星"老虎"伍兹代言别克品牌。实际上，让伍兹代言显得很荒唐：一个拥有3000万美元游艇的人怎么会去开售价只有3万美元的轿车？事实上，如果不是考虑到别克品牌在中国市场上不错的销售业绩，新通用的重组计划中，别克品牌的命运将和土星一样，被彻底地放弃。

国内企业中也普遍存在依赖广告来塑造某种形象的例子，例如，海尔曾期望通过广告传播打造国际化形象，但效果并不明显，不过，随着海尔产品行销全球，国际化形象自然就建立起来了。

企业可以生产不同品类，品牌代表特定品类

品牌并没有所谓的企业品牌和产品品牌之分，企业就是企业，品牌就是品牌，企业代表法人实体，品牌代表品类。可口可乐公司作为企业，主要面对的是股东、员工和供应商以及渠道等，并可以生产其他饮料包括雪碧、芬达等，它最终并不直接影响消费者；可口可乐作为品牌则只代表可乐，直接影响消费者。

在市场竞争初级阶段，产品质量普遍不稳定，企业的实力和形象有助于消费者建立信心。在这个阶段，企业对消费者有一定的影响。时至今日，随着市场竞争日渐激烈，法规日益成熟完善，企业的背书作用日益减弱，品牌逐渐成为市场竞争的主体，企业转而居于幕后。比如在娃哈哈与达能陷入法律争端的时候，宗庆后启用了"启力"这个品牌，并把企业名也改为"娃哈哈昌盛饮料公司"，实践证明这种策略并没有影响顾客的购买，再次证实企业影响的多是渠道，而品牌直接影响消费者。

混淆企业和品牌的区别，容易导致两个误区：其一，无法准确把握市场竞争的基本单位是品类（品牌作为表现）这一实质，而步入打造"企业品牌"的误区，例如打造"大中粮""仁和"等企业品牌，莫不如此；其二，盲目延伸品牌，采用所谓的"大品牌战略"，例如 TCL 集团、海尔集团等企业，导致品牌稀释，竞争力丧失。

国内品牌的价值大多被高估

对应现实中的品牌价值排行榜，我们看到一个普遍的误区：大量品牌的价值被高估，很多评估中动辄以亿计算的品牌实际上并无多少价值。品牌的价值由以下两个要素决定：第一是品牌在所在品类中的主导地位的强弱，第二是所在品类的价值大小。

可口可乐连续 8 年位列全球最有价值的品牌，原因在于可乐是全球最畅销的饮料，而可口可乐主导了全球可乐品类。主导性不仅是影响品牌价值的重要因素，甚至也是影响股票价值的重要因素，股神巴菲特在解释为何长期持有可口可乐、吉列的股票时强调："毫无疑问，因为我确信它们（可口可乐和吉列）将继续在它们的品类中处于长期的主导地位。"

国内诸如长虹、海尔、春兰等大而全的品牌虽貌似强大，但皆因为过度稀释而变得虚弱，逐渐丧失了初步建立起来的品类主导力。这些品牌长期占据国内品牌价值榜前列，不仅麻痹了企业自己，对其他企业也起到了错误的示范作用。

创建品牌的本质：锁定品牌与品类

完整意义的品牌应该包含两个部分：品牌名和品类。品牌名和品类一旦产生关联，锁定在一起，就完成了品牌的创建，例如品牌名奔驰和称为进口豪华轿车的品类锁定在一起,品牌就开始诞生。

很多企业认为,创建品牌首要的任务就是让品牌名具有最广泛的知名度,把品牌等同于名牌。实际上,很多高知名度的品牌名都因为未代表任何品类而十分虚弱,例如土星在美国人人皆知,但土星品牌已经十分虚弱,以至于被通用汽车最终放弃。

创建品牌需要做的就是不断将品牌名与品类名锁定在一起。不仅要宣传推广劳力士这个名字,而且要把劳力士和心智中叫作豪华瑞士手表的品类锁定在一起。同样,重点不在于去宣传沃尔沃这个品牌,而是把沃尔沃与心智中"安全车"的品类锁定在一起。

品类时代的营销,核心以成为潜在心智中品类代表为目标,通过把握商业发展趋势,发现品类机会,成为心智中的品类代表,并推动品类发展,不断进化,最终主导品类,创建真正的强大品牌。

第 2 章

02

品类源自分化

分化本身不会创建品牌，分化的趋势必须和企业的战略相结合，才能诞生新的品类和代表品类的品牌。

新品类从何而来？未来将如何发展？企业应该如何发现新品类机会？德鲁克曾经说过，企业家面临的最大挑战就是在确定的现在与不确定的未来之间做出正确的判断。更进一步说，企业家必须要分清楚哪些是趋势，哪些是潮流。

融合的潮流

在全球的商业界，"融合"一直是一个受到企业、媒体、投资界甚至学术界追捧的热门概念，它甚至被看作一种理所当然的趋势。

3C融合就是其中的典型代表。早在20年前，比尔·盖茨就提出了3C融合的设想，他预言通信、计算机、消费电子三者将最终融合。但是微软花费了漫长的时间以及数十亿美元的代价后，至今也没有看到3C融合的曙光。中国的TCL也是一个典型的例子。为了推广3C概念和信息家电，TCL甚至专门高薪从微软挖来了有"打工女皇"之称的吴士宏出任新公司总裁，但最终3C家电依然没有什么大的进展，吴士宏只好辞职。今天，长虹等企业仍然前仆后继地在为3C融合投入巨资，但至今鲜有收获。相反，3C中的每一个品类都在不断地分化中，例如电视机由传统的显像管电视分化出液晶电视、等离子电视以及具有巨大潜力的3D电视。

在国内饮料市场，娃哈哈的"营养快线"取得成功之后，包括娃哈哈自己在内的很多企业将之视为融合式品类创新的成功，这是一种误解。实际上，在营养快线之前，果汁加牛奶的产品早已诞生过，那就是国内牛奶企业都推出过的"风味奶"，但这个产品并未取得成功。而在消费者认知中，营养快线被当作一种乳酸味的营养饮料，而非果汁牛奶。

正因为如此，娃哈哈推出的其他融合式新品类都以失败告终，包括：咖啡可乐——咖啡和可乐的融合、啤儿茶爽——啤酒和绿茶的融合、奶咖——奶与咖啡的融合；就连可口可乐公司也耐不住寂寞，在雪碧中加入茶，结果当然是没有成功。同样，乳业企业也在不断尝试通过融合的方式创新品类，蒙牛、伊利等企业不但尝试过在牛奶中加入果汁、谷物，甚至还加入果粒橙，但没有一个取得成功。

既然如此，为何融合的概念长期以来层出不穷？原因之一在于融合容易抓住人类的想象力，容易被企业当作大创意。中国传说中的龙和麒麟，就是由鹿角、蛇身、鸡爪等概念融合而成的，今天漫画书中的蝙蝠侠和蜘蛛人也是证明融合概念流行的例子。

另一个重要的原因是融合概念受到企业的青睐：融合看起来蕴涵着诱人的商业价值。正因为如此，千百年来，人们不断尝试融合的创意。人们一直在尝试发明可以飞行的轿车，以合并航空和汽车业；尝试发明可以飞的船，以合并航空和运输业。

每个品类都有自己独特的方向，在自然界中，我们看到粗壮的枝条不断地发出新枝，却极少看到几根粗壮的枝条合并在一起。融合正是试图让几根粗壮的树枝最终长到一起。在商业界，融合的概念很容易触动华尔街资本市场的兴奋点，也很容易打动媒体的关注点，但打动不了市场的兴奋点和消费者的心智。

分化，商业发展的原动力

真正的趋势是在无声无息中发展的，这也叫作"蔓草效应"，借助商业发展的历史，我们可以找到其中的规律。逆看商业史，很多单个品类的产品最后会融合集中为一个产品。顺看商业史，你则会发现，某一个单一品类不断分化出越来越多的新产品和新品类，分化成为必然趋势。实际上，分化是商业界发展的原动力，分化的力量使得新品类不断涌现，从而推动了整个商业社会的发展。在商业界，技术、文化和传播环境的变迁创造了促使品类分化的条件，市场越成熟，竞争越激烈，分化的程度就越高。把握趋势，认识并利用分化力量的企业，都取得了巨大的成功。

以计算机行业为例，最初是巨型计算机。巨型计算机诞生的时候，按照当时预测，其销售量至今不会超过 2000 台，但是人们忽视了分化的力量。计算机行业迅速分化出个人电脑、台式机、笔记本、掌上电脑、软件、显示器、存储器等上百个相关品类，并发展成为全球第一大行业，诞生了数十个全球性品牌以及上万亿美元的市场。

PC 的分化

1951 年推出的雷明顿·兰德 UNIVAC 电脑以及随后推出的 IBM 主机电脑标志着电脑时代的真正开始。今天电脑时代已发展成什么局面了？

在 60 多年的时间里，全世界目睹了数目惊人的产品：小型电脑、中型电脑、个人电脑、网络电脑、笔记本电脑和掌上电脑，以及成千上万的软件产品。如今有电脑杂志、时事通信、网站和互联网，还有大量的电脑咨询公司。2010 年，全球电脑销量超过了 3 亿台。"电脑大树"的成长和它的众多分枝孕育了众多强势的高价值品牌，包括 IBM、Unisys、惠普、太阳微系统（Sun Microsystems）、Siebel、甲骨文（Oracle）、SAP、戴尔、苹果、Palm、英特尔和微软等。电脑行业分化创造的机会还成就了显示器品牌（优派）、键盘和鼠标品牌（罗技）、硬盘品牌（希捷）、调制解调器品牌（Hayes）、存储品牌（Zip、Migo）、打印机品牌（爱普生、利盟）、投影机品牌（InFocus）、扫描仪品牌（UMAX）、电脑音箱品牌（Altec Lansing）和标签打印机品牌（Dymo），以及今后将出现的新品牌。

电子商务网站的分化

近10年来，由于互联网电子商务的高速发展，整个世界的货品通路与消费习惯都发生了翻天覆地的改变。特别是近几年电子商务产业的集中爆发（两年的零售额等于过去10年之和），越来越多的传统企业杀入网上零售战场，网络零售品牌如雨后春笋般涌现。

全球最大的电子商务网站亚马逊2012财年净销售额为610.9亿美元，比2011财年的480.8亿美元增长27%；运营利润为6.76亿美元，比2011财年的8.62亿美元下滑22%；净亏损为3900万美元，2011财年的净利润为6.31亿美元。亚马逊网站上销售产品的种类在不断增加，但是利润在下降，而且至今图书类仍然是最核心的业务。亚马逊创建人、首席执行官杰夫·贝佐斯说："在2010年第4季度中，运用最新电子墨水显示技术的第三代Kindle电子书销售已过百万，现在已经取代纸质平装图书，成为亚马逊公司最为热销的产品。此外，平装书的销售额也在不断增长之中。"

亚马逊最怕什么？分化。

2010年11月，美国亚马逊公司收购了电子商务企业Quidsi，其旗下的Diapers.com网站在母婴用品的垂直品类上，一直是亚马逊最强劲的对手。2005年成立的Diapers 2010年销售额是3亿美元，比起销售额过百亿美元的亚马逊来说，Diapers就像是大象面前的小老鼠。可是，仅仅是尿布这一个品类，Diapers 2010年就卖出了5亿包！凭着对母婴类商品的精细化管理，以及大量极其忠诚的消费群体，Diapers令在线零售巨头亚马逊产生危机感，最终以5.4亿美元将其收入麾下。

这几乎是亚马逊收购Zappos的翻版故事，只不过几年前，令亚马逊败北的品类是鞋子。2009年，亚马逊以8.7亿美元收购美国最大的鞋子在线零售商Zappos。为了与其竞争，亚马逊曾在2007年推出一个独立的售鞋网站Endless.com，在线销售鞋子和手提包。不过，纵然是全球电子商务巨擘亚马逊，也有阿喀琉斯之踵：它在鞋的垂直品类上根本无法与Zappos相提并论。看看一组对比数据就一目了然了：2009年6月，Zappos的访问人数达到450万人次，而Endless.com仅70多万人次。除此之外，亚马逊也在自己的主网站上卖鞋子，但是销量更是难以企及Zappos。

中国的电子商务企业同样处在不断分化的过程中。网上"国美"——京东商城凭借电器零售起步，随后不断扩充进入图书、母婴用品、服装等品类。但是它在网上图书零售领域遭到当当的阻击，在母婴用品领域遭到红孩子的阻击，在服装领域遭到凡客的阻击，在最为核心的家电零售领域则面临着苏宁易购的冲击。遗憾的是，这些专家品牌后来纷纷走上了模仿京东扩充品类的道路。但是，模仿京东最多能成为京东第二，战胜不了京东，而在互联网世界里，第二没有价值。

传统百货业的分化

多年前，每个城市的零售业主角都是百货商店，比如纽约的梅西百货（Macy）、巴黎的老佛爷和北京的王府井。

今天百货商店已经被分化吞噬。传统百货商店的每个部门都产生了全国性连锁品牌，这些品牌迅速统治了各自的品类。比如美国百货商店中的运动鞋部成了Foot Locker，婴儿用品部成了Babies"Я"Us，床上用品部成了Bed Bath&Beyond，图书部成了Barnes&Noble，休闲服部成了盖璞（Gap），消费电子部成了Best Buy，家具部成了Rooms To Go，家用器皿部成了Crate&Barrel，珠宝部成了Kay Jewelers，皮衣部成了Wilsons Leather，女性内衣部成了Victoria's Secret，化妆品部成了Sephora，床垫部成了Sleepy's，男士西服部成了Men's Wearhouse，宠物用品部成了PetsMart，加码部成了Lane Bryant，沙龙成了Supercuts，鞋部成了Famous Footwear，运动用品部成了Sports Authority，青年成人部成了Abercrombie&Fitch，玩具部成了玩具反斗城,地下室的清洁部当然成了全球最大的零售商——沃尔玛。

在中国的零售百货业中,苏宁和国美分化并且聚焦于家电卖场,取得了巨大的成功。同样,家具卖场、玩具卖场、皮鞋卖场、眼镜卖场、服装卖场,甚至进一步分化的男装卖场、童装卖场等都在兴起专家品牌。

酒店业的分化

今天美国的酒店业已经分化出来一系列品牌:常规酒店(希尔顿)、套房酒店(Embassy Suites)、汽车旅馆(假日酒店)和公寓酒店(Estended Stay America)。此外,还有按价格区分的高档酒店(四季酒店)、中等价位酒店(Marriott)或平价酒店(Hampton Inns)。

中国酒店业的分化刚刚开始。"如家"首先把握住了经济型连锁酒店的分枝,成功在纳斯达克上市。随后如家的管理层再次把握分化的力量,推出了"和颐"商务连锁酒店,创始人之一季琦先生单飞后推出了"汉庭"商务连锁酒店。99连锁酒店给顾客的承诺是"全国统一价99元"。

把握分化的趋势,经济型酒店可以成功,超高端的酒店也可以成功。新加坡的悦榕庄就是超高端酒店的代表。这家酒店主要设在旅游度假区,建筑风格靠拢当地的文化特征,标价每晚500美元以上。

饮料业的分化

今天饮料已经分化成由十几个品类构成的超级市场,除了以可口可乐、百事可乐为代表的碳酸饮料,我们还有果蔬汁、茶饮料、植物蛋白饮料、包装水、功能饮料等。果汁品类已经分化出以统一"鲜橙多"、可口可乐"酷儿"为代表的果汁含量仅为5%~10%的低浓度果汁饮料,和以汇源为代表的高浓度果汁饮料;植物蛋白饮料中入市较早的有露露杏仁汁和椰树椰汁,以及近年来发展迅速的六个核桃等。在包装饮用水中已经分化出包括纯净水、天然水、矿泉水、矿物质水等品类。近年来,茶饮料市场成长迅速,已经成为仅次于碳酸饮料、水、乳饮料的第四大饮品。康师傅、统一、可口可乐等饮料巨头更是纷纷发力茶饮料市场。王老吉的成长带动着像广东凉茶这样的区域饮料品类走向全国。奶茶饮料也发展迅速。

卡车的分化

分化在卡车行业同样发生作用。东风和解放主导的卡车品类发生了分化,原本生产农用车的福田把握住了分化的机会,以独立品牌——"时代"推出经济型轻卡。分化产生了威力,"时代"迅速击败了解放、东风等品牌,成为该领域的第一。中国重汽推出的第一个独立高端重卡品牌——"豪沃",很快成为这个品类的领导者。接下来的机会还将在中型卡车分支、微卡分支、超高端重卡分支、平价重卡分支之中产生。

餐饮业的分化

回到20世纪50年代,美国的咖啡馆中几乎出售所有的食物。今天,传统的咖啡馆完全被分化掉了。1948年在加利福尼亚州的圣贝纳迪诺,迪克·麦克唐纳(Dick McDonald)和马克·麦克唐纳(Mac McDonald)就是这么干的。他们开办了主要供应汉堡的"咖啡店"(菜单上有9个项目:汉堡、吉士汉堡、炸薯条、咖啡和其他5种饮料)。如果你不喜欢汉堡,显然你不会去麦当劳。麦当劳公司后来成了全球最大的快餐连锁。同样的咖啡店还提供了很多其他打造品牌的机会,比如鸡肉(肯德基)、烤牛肉(Arby's)、热狗(Wienerschnitzel)、咖啡(星巴克)、油炸圈饼(Dunkin' Donuts)、肉桂卷(Cinnabon)、曲奇(Mrs. Fields)、冰激凌(Baskin-Robbins)、冷冻酸奶(TCBY)、烤薄饼(International House of Pancakes)、华夫饼干(Waffle

House)、比萨（必胜客）、三明治（赛百味）……高档餐饮同样开始分化，出现了全国性的餐馆品牌，部分包括：Applebee's（烧烤）、Arby's（烤牛肉）、Benihana of Tokyo（日本菜）、Olive Garden（意大利菜）、On the Border（墨西哥菜）、Outback（牛排）、PF Chang's（中餐）、Ruth's Chris（牛排）、Tony Roma's（肋骨）等。

分化永远不会停止。比如说比萨品类，必胜客是第一个全国比萨连锁，它获得了极大的成功。随后达美乐比萨分化出宅送比萨，成了第二大比萨连锁。小恺撒（Little Caesars）"外卖"比萨则是美国第三大比萨品牌。

作为美食大国，中餐的分化机会将比美国更多。如今一些企业已经把握住了分化的趋势并初步建立起了品牌，如米饭快餐连锁品牌"真功夫"年销售额超过20亿元、日式拉面"味千"已经在中国香港地区上市，在水饺、米线、包子、豆浆等品类上都已经有品牌崭露头角。

分化不同于市场细分

很多人把传统市场营销理论中的市场细分与分化混为一谈，二者从字面上看虽然相近，但本质截然不同。其一，二者立足点不同，市场细分理论诞生于营销竞争的市场时代，立足于市场中，而分化诞生于心智时代，立足于营销战争的终极战场——潜在消费者心智中。从这个角度看，分化可以叫作"心智细分"。

其二，市场细分的重点是对现有市场和需求的聚类，目的在于有针对性、有重点地展开营销；分化则重点研究潜在消费者心智认知的归类，目的是发现可能的新品类机会。从结果来说，市场细分更多的在于更好地满足现有的消费者需求，分化则更多的是创造新的顾客和需求。正如索尼公司前董事长兼CEO出井伸之所言，消费者并不知道自己需要什么，卓越的企业应该创造需求，引领消费。"随身听"的发明，能说是发现消费需求并满足了需求吗？显然不是，"随身听"实际上是索尼公司创造了需求，引领了需求。

以一个试图进入啤酒领域的品牌为例，市场细分的重点在于将现有的啤酒消费人群进行分类，然后选择其中的一个或者数个群体作为目标，并根据其需求特点设计产品，有针对性地展开营销。而从分化的角度，重点则在于寻找开创新品类的机会，然后界定新品类可能的潜在顾客。最终，市场细分角度诞生的可能是更适合于某一个人群口味的啤酒，分化角度诞生的可能是市场上并不存在的一种啤酒。

分化诞生机会，但不会诞生品牌

从分化的角度看，每个品类中的机会将一目了然。例如在餐饮行业，米饭快餐品类将进一步分化出各种风味特点的米饭快餐品牌，而不是既有面条又有快餐的品牌。但是分化的趋势并不容易被接受，因为分化和融合的现象是交织在一起的，一个品类诞生的初期，看起来更符合融合概念，但长期来看，每个品类最终必然走向分化。

分化为企业创建新品类，并为创建强大的品牌提供了无数的机会，但是并不意味着这些机会都能最终成为现实中的强大品牌。随着时间的流逝，很多品类出现分化开创的机会，同样随着时间的流逝，很多开创新品类的机会也消失了。例如可乐品类，作为世界上最大的软饮料品类，它存在很多分化的机会，但如果今天来考虑这些机会，为时已晚，因为可乐品类本身已经面临衰落。

因为分化本身不会创建品牌，所以分化的趋势必须和企业的战略相结合，才能诞生新的品类和代表品类的品牌。

CATEGORY STRATEGY

第 3 章
03

开创新品类

开创新品类是手段,核心的目标是成为潜在消费者心智中品类的代表,因此品牌甚至可以在一群延伸品牌中通过聚焦,打造专家品牌,从而占据品类代表的位置。

把握趋势可以帮助企业看到品类未来的机会和方向，但要真正找到明确的新品类概念，还需要将趋势与开创新品类的具体方法相结合，以下是我们在多年的实践中所总结的五种开创新品类的方法。

技术创新开创新品类

开创一个新品类最直接的方式是科技创新。科技创新分为两种，第一种是技术革命。技术革命好比生物进化史上的基因突变，是一种剧烈的分化形式，为创建品牌提供了强有力的基础。通用电气就是由技术革命创建的品牌。众所周知，通用电气的创始人爱迪生是电灯的发明者，通用电气正是借助这种强大的势能以照明起家，并成长为一个强大的品牌。西门子的创始人则是与爱迪生齐名的发明家，即被誉为"电动机之父"的西门子，至今高铁动力技术仍然是西门子的核心业务。通用电气和西门子创建品牌的方式，很难被中国企业学习，因为对于企业来说，革命性技术可遇而不可求，因此并非创新品类的主要途径。

第二种是技术创新。与技术革命不同，技术创新只是对现有技术进行较小的革新甚至是升级或改良，这对于大多数企业而言，并非难事。

苹果的技术创新

苹果公司是依靠技术创新开创新品类从而创建强大品牌的典范。从图形界面电脑到触屏手机，再到平板电脑，事实上，苹果所开创的每一个新品类都没有借助任何革命性技术，但从消费者的认知上看，苹果总能恰到好处地与现有品类建立区隔，开创全新的品类。从这个意义上讲，乔布斯并非一流的技术高手，却是营销方面的天才，乔布斯的秘诀正在于开创新品类。

针对当时PC普遍采用文字界面的情况，苹果推出的麦金塔（Macintosh）电脑采用了图形界面，开创了图形界面电脑新品类，并在图形处理电脑市场占据领先地位。现有的手机和电脑都使用键盘，苹果却舍弃键盘，创造性地使用了触屏技术，开创了触屏手机和触屏电脑新品类。苹果并没有投入巨额资金用于技术研发，其创新的核心并非单纯的技术创新，而是依托技术的品类创新，因此，每一次创新都在行业中产生了颠覆性的效果。实际上，被称为21世纪最成功的产品，为苹果赢得数百亿美元收入的iPod海量音乐播放器甚至是"抄袭"新加坡创新科技公司之作。

GEOX的技术创新

GEOX（健乐士）也是通过技术创新开创新品类的范例。长时间运动，脚就会出汗而使鞋内潮湿，如果不及时将汗排出，不仅感觉不适，而且汗臭味也十分难闻。20世纪90年代初，GEOX品牌的创始人马里奥·莫雷蒂·波莱加托（Mario Moretti Polegato）发明了专利透气技术，将带有微孔的防水透气薄膜作为"芯片"嵌入带通气孔的鞋底内，薄膜微孔的大小能使鞋内的热气顺畅排出，不留汗味，又恰好能阻挡外面的水渗入，因而取得了防水透气的效果。一种具有排汗、防水功能的"会呼吸的鞋"由此产生了。短短十几年间，GEOX发展迅速，现已成为意大利销售额排名第一、世界排名第二的休闲鞋品牌。

纯果乐的技术创新

纯果乐是一个拥有60年历史的品牌，最初这家公司只是出售一些礼盒装的橙子，后来推出了浓缩果汁，不过由于浓缩果汁市场早就定型了，而纯果乐不过是众多品牌中的一个而已，因此一直处于默默无闻的状态。

真正成就纯果乐这个品牌的关键事件发生在1954年，由于不满足于仅仅成为众多浓缩果汁品牌中的一个,该公司发明了巴氏瞬间灭菌法,通过在极短的时间内提高鲜榨橙汁温度的方式,在保持果汁口味的同时,将其保质期延长至3个月。纯果乐随后放弃了速冻浓缩产品业务,把精力完全集中在新鲜的、"非浓缩的"果汁产品上。

纯果乐从此借助开创"非浓缩果汁"新品类,成功进入消费者心智,成为消费者心中"非浓缩、真正的新鲜橙汁"的代名词。随着纯果乐的成功,橙汁市场的大部分产品由速冻橙汁转变为新鲜橙汁。

时至今日,纯果乐仍然是全球新鲜橙汁市场上的主导品牌。该公司被原来的企业拥有者在1970年出售之后,几经易主,最后在1998年成为了百事公司旗下的品牌。

新趋势开创新品类

社会快速发展,人类不断面临新的问题,也不断诞生新的概念。环保问题、肥胖问题、全球变暖问题……每个新概念都为创新品类建立了基础:不含脂肪、健康、有机(Horizon, Muir)、低碳(Atkins, Keto)、低糖、无醇、无氟、便携、速冻……

金威啤酒的机会

金威啤酒曾经面临这样的机会。2005年,金威在啤酒行业发起了一轮公关传播,宣称金威啤酒不含甲醛(后调整为不添加甲醛)。这里实际蕴涵着一个绝好的创新品类的机会,即建立和推广"无醛啤酒"。如果这样做,金威将有机会改变自己原来作为普通区域啤酒品牌的身份,从而成为全国性无醛啤酒的原创者,进而拓展全国市场。可惜金威缺乏开创新品类的意识,随后它的宣传口号是"不添加甲醛,添加时尚",金威重新回到了平庸啤酒的行列。

贵州醇的成与败

贵州醇最初的成功就是借助了这一条法则。贵州醇是国内最早专注于低度、浓香白酒产品的品牌，它创造了"醇"这个概念来代表"低度、浓香白酒"。低度的概念切合了人们健康饮酒的趋势，因此贵州醇在江浙、广东沿海一带发展迅速，快速崛起。可惜的是，贵州醇此后连连失误，它先是把营销的重点转向了"好山好水出好酒"，强调自己是"天然美酒"（实际上，低度这个概念本身就意味着必须经过人工勾兑），其后又推出了"用高粱和葡萄酿造"的奇香贵州醇，均以失败而告终，再后来，高度白酒的浪潮开始回归，它又跟风推出了高度产品。至此，贵州醇彻底回到了平庸白酒的行列。

"方便性"的新品类机会

新趋势有时候是如此的简单和明显，以至于很多企业都没有给予足够的重视，"方便性"就是如此。水和茶原本是在家里或者其他某一个固定的地点喝的，为了更加方便，瓶装茶、瓶装水诞生了。奶茶原本是在奶茶店里喝的，为了更加方便，杯装奶茶诞生了。凉茶原本是在凉茶铺里销售的，为了更加便捷，罐装凉茶出现了。食用油原本是散装销售的，随着人们生活水平的提高以及卫生意识的提升，小包装油出现了。在很多领域里，都存在通过方便性包装化来开创新品类的机会。

"有机"的新品类机会

在食品安全事故频发的今天，"有机"是一个令人关注的品类，首先诞生的是有机食品连锁：在水果、蔬菜、粮食等领域都开始诞生有机新品类。

由于价格、诚信等原因,当前有机品类的发展并不迅速,但这并不影响其未来的前景。当然,并非所有的食品都适合于有机概念,从认知上看,人们对消费频次较高的食品更关注其是否健康或者是否受到污染,因此有机概念更容易被接受,例如粮食、蔬菜、水果等。而消费频次较低,甚至本身与"有机"所蕴含的健康概念相悖的类别则机会较小,例如酒类产品。酒并非每日必需的产品,而且过量饮酒有害健康,至少在认知当中,酒与有机所倡导的健康概念相悖。因此,有机酒很难成为一个大品类。

美体小铺与纯天然化妆品

在化妆品领域,"天然"和"草本"是两个很重要的趋势,现在的问题是,大部分采用这两个概念的品牌都只使用了一半,在部分原料和概念上使用草本,却仍然含有人工的化学成分,并没有真正形成"全草本"的新品类。

美体小铺(The Body Shop)由罗迪克于1976年创立,初衷只是为了维持生计,但开店的经营模式则是受到她过去的经历所启发。罗迪克足迹遍天下,并曾旅居农村及渔村,体验过不同地方的社区生活。她发现世界各地的许多女性,都是以天然原料来养颜的,而且效果极佳,于是小店主要出售世界各地的天然原料制成的化妆品,产品包装可循环再用。开第一家店铺的时候,由于墙壁上有霉迹,就使用了当时家里仅有的绿色油漆,从此绿色就成了美体小铺的标志性颜色。美体小铺创业时,正值欧洲环保及绿色概念兴起,这正好造就了公司的迅速发展。

在首家美体小铺店铺开业后的6个月内,罗迪克已开设了第二家分店,随后美体小铺的特许经营网络火速拓展至世界各地。30年间,它不断发展,成为国际企业,美体小铺在全球55个市场拥有超过2200家分店,并于1984年成功上市。

开创"市场中有,心智中无"的新品类

对于企业而言,要找一个市场上没有的新品类是困难的,但是要找一个顾客心智中没有的新品类并不困难。一种情况是,成千上万的新品类或者具有成为新品类潜质的产品已经由小企业推向市场,但由于小企业初期通常缺乏足够的投入,更重要的是对本书中所谈的开创品类、品类化、推出新品类、扩大并主导新品类等各个环节的方法缺乏了解,新品类被淹没在了产品的海洋中。

另一种情况则是,对于很多品类,尽管产品已经诞生了很多年,但消费者的心智中并没有一个公认的品牌。例如,袜子已经诞生了很多年,但在消费者的心智中,浪莎或许代表女袜,却没有一个公认的男袜品牌。

严格地说,这不是一种创新品类的方法,而是实力企业抢占心智中新品类机会的捷径。一旦发现这些品类机会,大企业就可以通过"兵力优势"抢先占据心智。

健怡可口抢占低热量可乐品类

美国可乐品类的第三品牌皇冠可乐推出全球第一个低热量可乐健怡健特(Diet Rite)。皇冠可乐公司对这个新品类充满了信心,花了很大的心思寻找一个可以与可口可乐(Coca Cola)媲美的品牌名,糟糕的是,最终找到的这个名字——健怡健特却是通用名(后文我们会详细阐释为什么接近通用名是如此糟糕的命名策略)。

健怡健特的出现以及初期良好的势头提醒了两大可乐巨头,首先是百事推出了轻怡百事(Diet Pepsi),紧接着可口可乐推出了健怡可口(Diet Coke)。健怡健特的名字虽然有问题,但由于具有品类开创者的优势,市场表现非常好,初期的销量超过轻怡百事和健怡可口的总和。但是,被胜利

冲昏了头脑的健怡健特进一步犯错，推出了各种口味的系列产品。

健怡可口把握住机会，聚焦一款产品，并投入了巨额的营销预算，最终获得了胜利。今天，健怡可乐市场和常规可乐市场一样被可口可乐和百事可乐所统治，健怡健特和皇冠可乐则一同销声匿迹。

喜之郎抢占果冻品类

喜之郎正是依靠这一法则创建了强大的果冻品牌。喜之郎并非果冻的发明者，也不是国内果冻品类的开创者。在喜之郎上市之前，市场上已经有金娃等多个区域品牌，但喜之郎的机会在于：在消费者的心智中并不存在一个公认的果冻领先品牌，这正是典型的"市场上有，心智中无"。

喜之郎强势介入，在国内果冻品牌中首先建立起了鲜明的形象：采用了一个有日本特色且十分独特的品牌名，同时设计了与众不同的视觉系统。由于果冻原产于日本，命名策略给品牌赋予了更为正宗的感觉，独特的视觉则使品牌在众多竞争对手中脱颖而出。

继而，喜之郎成为第一个在中央电视台进行广告投放的果冻品牌，抢先占据消费者的心智。喜之郎的广告口号也堪称经典："果冻我要喜之郎！"这个口号谈不上有什么创意，却有力地锁定了品类和品牌，最终使得喜之郎成为了果冻品类的代表，一举占据50%以上的市场份额。

美的抢占空气能热水器品类

空气能热水器同样是一个典型的例子。2000年，刚刚成立一年的同益就看到了"空气能热水器"的巨大潜力，研制出中国第一台空气能热水器。2004年，同益研发的"储水式双循环高效换热器"和"高效热泵热水器"获得国家专利，而"热泵热水器"正是"空气能热水器"的专业称谓。

2004年，同益在中央电视台投放广告（对于一个规模实力较小的品牌而言，这是一种糟糕的做法，其中原因，见后文"推出品牌"部分），有限的广告投放在扩大了新品类知名度的同时，也引来了强大竞争对手对新品类的关注。美的、格力等品牌先后进入市场，并投入了更多的营销预算。

热泵行业权威媒体发布的《2012行业发展分析报告》显示，格力、美的、志高、TCL四家企业的市场占有率超过30%，其中美的空气能热水器市场份额为15.8%。这意味着同益作为品类开创者，已经失掉了成为品类代表的机会，而美的依靠敏锐的新品类嗅觉占据了领先地位。

聚焦开创新品类

聚焦不仅是企业经营哲学和战略的核心，也是开创新品类、创建品牌的有效方法。主要的做法是将现有的品类进行收缩，直到你可以成为第一为止，一个可能的新品类就诞生了。

聚焦开创比萨新品类

必胜客是美国第一个全国性比萨连锁，同时提供堂食、外卖、外带业务。随后，达美乐收缩经营范围，专注于宅送市场，主要针对需要提供送餐到宅服务的顾客，开创了宅送比萨品类。聚焦之后，达美乐只在非繁华地段开极少的店，建立店面的目的不是提供堂食，而是为顾客提供体验以及为宅送服务提供支持，因此店面成本也大大降低，并逐渐成为美国第二大比萨品牌。

小恺撒则聚焦于外带市场，主要针对那些把比萨带回家或者办公室吃的顾客，开创了外带比萨品类。同样，小恺撒将店面面积大大缩减，只设置有限的几个并不很舒适的座位。有的店甚至不设置座位，只有外带窗口，店面也不开在繁华地段，这样的结果是大大降低了成本。小恺撒的比萨价格只是必胜客的一半，但仍可保持较好的利润水平，今天小恺撒已发展成为美国第三大比萨品牌。

开创新品类是手段，核心的目标是成为潜在消费者心智中品类的代表，因此品牌甚至可以在一群延伸品牌中通过聚焦打造专家品牌，从而占据品类代表的位置。

格力的聚焦

格力没有发明空调，也不是第一个进入消费者心智的空调。格力能够在海尔、美的、春兰等强大的竞争对手面前建立起领先地位，正是得益于竞争对手的疯狂延伸和自己的长期聚焦。

1994年，春兰以53亿元的销售额、6亿元的净利润位居国内空调业第一，而当时格力的年销售额仅为6亿元，甚至未能挤进前10强。后来，春兰集团基于"单一的空调企业未来无法生存"的判断，进行了大规模的品牌扩张，先后进入了摩托车、汽车、重机设备、太阳能电视等领域，而格力却始终专注于空调领域。到了2007年，格力空调以年销售额380亿元的绝对优势，占据国内空调市场30%的份额。春兰年报却披露出4亿元的亏损，并因连续3年亏损差点被"摘牌"。

2012"冷年"（2011年8月至2012年7月），格力变频空调以累计销量1266.40万台、市场占有率40.63%，蝉联2012"冷年"销售量、销售额"双料"冠军，格力空调2012年的最终销售额为888.9亿元。而春兰2012年年报显示，全年营业收入7.48亿元，比2011年的9.56亿元下降了21.79%，其中空调销售额更是下降了33.59%。

正如格力总经理董明珠所言："不是格力打垮了对手，是对手自己打垮了自己。"我们相信，如果格力能够抵制住多元化和品牌延伸的诱惑，继续专注于空调领域，则将有可能成为中国第一个真正意义上的世界知名家电品牌。

对立开创新品类

当你无法创造一个新品类，那就使你的品牌在认知上成为一个新品类，正如可口可乐与百事可乐，虽然同为可乐，一个是经典可乐，另一个则是年轻人的可乐，二者是两个不同的类别。

对立面战略可以让品牌与既有的领导者产生很好的关联效果，心智总容易把好和坏、正和邪、黑和白等概念关联起来，当想到其中一个概念时，也容易想到相反的概念，起到借助领导品牌建立认知的作用。因此，在一个成熟的品类中，消费者会分成两个群体：一个群体倾向于选择领导者，另一个群体则不愿意选择领导者，并且通常选择与领导者对立的产品。

宝马成为对立面

对立品牌的最佳榜样是宝马。奔驰凭借开创了宽大舒适的高档轿车的品类成为全球第一的高档车品牌，宝马处于不得不和奔驰竞争的不幸位置。如何同奔驰那样的品牌竞争？原理非常清晰：成为它的对立面。奔驰的出名之处在于车体大、马力强、豪华、驾驶平顺以及座椅舒适。宝马把自己确定成奔驰的对立面。"超级驾驶机器"已经成为宝马品牌长期的广告口号，但是这不仅仅是个广告口号，还是一个系统战略，宝马设计的轿车车体更小、更轻，驾驶起来也比奔驰有更多乐趣。结果，宝马在美国以及全球很多国家的销量超过奔驰。如果战略没有失效，就无须修改。宝马坚守"驾驶"战略超过30年，今天仍然在使用这个战略，目前宝马已经成为全球豪华车中的第一品牌。（今天宝马正在拼命地侵入奔驰的市场，它推出了7系列"看起来像奔驰的宝马"，这种做法从长期来看并不明智。）

成为王老吉的对立面

王老吉通过开创"防上火"饮料的新品类成功建立了品牌，邓老、黄振龙、春和堂、和其正等纷纷跟进。但是，从现有的战略看，所有的品牌都在跟进、模仿王老吉，而没有一个品牌站在王老吉的对立面。先败而后求战，这些品牌注定难以复制王老吉的辉煌。

2007年达利集团刚刚推出和其正凉茶的时候，同样主打罐装产品，采取了与"王老吉"同出一辙的产品包装及设计，同样的红色罐装和同样的黄色字体，并且聘请了陈道明为代言人，以"清火气、养元气""中国人的凉茶"为诉求，并进行了大规模的电视广告投放。结果，和其正的一系列举措不但未能使自己获得有效的区隔，反而更加巩固了王老吉的强势地位，罐装和其正的市场表现远远低于预期。

2008年，和其正进行了品牌战略转型，从以前的"清火气、养元气"改为"瓶装更大气"和"瓶装更尽兴"。围绕新的战略，在产品上，和其正的包装从以前的罐装改为瓶装；在目标顾客上，和其正重点开发大众消费和家庭消费；在市场布局上，和其正重点加大对王老吉弱势市场的进攻，以北方市场作为重点。新战略挽救了和其正，从2008年开始，瓶装和其正销量迅速增长，2010年销售额已经超过30亿元。

不幸的是，2012年广药集团收回王老吉品牌，加多宝推出了自有品牌的凉茶。随着王老吉和加多宝的对立大战，和其正作为第三品牌最先遭殃，市场份额大幅下滑。

成为红牛的对立面

1987年红牛的推出可以算是历史上最成功的新品上市案例，今天它的全球销售额为33亿美元。红牛成功的秘密在于那个8.3盎司㊀的罐子，它好像一截魔棒——个小罐子可以成为一个绝佳的能量饮料视觉标志，它暗示里面装的东西效用很强烈。

㊀ 1盎司=28.3克。

随着红牛的迅速崛起，世界上的饮品企业都想进入能量饮料市场。杂货店和便利店里满架子都是这样的饮料，无一例外地都装在 8.3 盎司的易拉罐里，除了"怪物"(Monster)——第一个以 16 盎司易拉罐包装的能量饮料。

"怪物"自然很快成为美国销量第二的能量饮料。无论是名字还是包装，人们看不出"怪物"有任何抄袭红牛及其 8.3 盎司易拉罐的痕迹。生产商汉森天然企业（Hansen Natural Corporation）采取跟红牛对立的战略并获得了巨大的成功。

2002 年"怪物"面世的时候，"红牛"在美国能量饮料市场上的份额为 91%。"怪物"在 10 年之内将红牛的份额逼退到 42%，自身则占据了 37% 的市场份额，其 2012 年的销售额达到 23.7 亿美元。汉森天然企业的市值从 2002 年的 5000 万美元增长到 2013 年 7 月的 105 亿美元，10 年市值增长 210 倍。2007 年，《福布斯》杂志还曾将汉森天然企业列为美国 200 家最佳小企业中的第一名。

当能量饮料战争打响的时候，世界最大的饮料公司可口可乐在做什么呢？当然是忙着复制竞争对手去了。可口可乐的第一个尝试是推出 KMX，没有开创任何品类，连包装都采用了与红牛相同的 8.3 盎司的设计，很自然，KMX 很快就在市场上消失了；接下来可口可乐推出了 Full Throttle，这次用的是 16 盎司的罐子，和"怪物"一样，Full Throttle 也失败了。

关键点：找到战略性对立面

对立面战略听起来容易，要真正实施却不易把握，原因在于，从领导品牌身上可能找到很多对立面，但其中 99% 属于战术性对立面，只有 1% 属于战略性对立面。例如，在可口可乐身上，你可以找到无数个对立面：可以认为可口可乐口味单一，所以推出更多口味；可以认为可口可乐价格高，所以推出低价可乐（百事可乐最初正是这么做的）……你还可以从人群、口味、形象等很多方面找到对立面。但这些对立面大都属于可口可乐的战术性弱点，若以此展开对立，可口可乐很容易迅速弥补。但是，悠久的历史传统是可口可乐的品牌核心认知和价值所在，针对传统进行对立，这是可口可乐无法弥补的。当可口可乐试图在此方面进行弥补的时候，则意味着它在战略上放弃了自己的核心优势，而陷入了跟进对手的不利局面，这也正是今天我们看到可口可乐在和百事可乐的竞争中日益被动的根源所在。

有效的对立面战略，既要寻找领导者的战略性对立面，也要寻找战略性弱点。而战略性弱点通常隐藏在战略性优点的背后，所以首先要分析领导品牌的战略性强势，然后反其道而行之，这样的攻击点将令领导者无法有效反击。例如奔驰汽车的强大，在于其宽大、乘坐舒适；宝马以狭窄、驾驶乐趣攻击，令奔驰无法反击，若奔驰也推出狭窄、具有驾驶乐趣的产品，实际上是主动放弃了自己的强势。

新品类四要

"现有市场为零"最佳

目标市场究竟有多大？在推出一个品牌之前，企业往往喜欢问这个问题。提出这种问题本身就存在问题，这是因为追逐现有市场的过程中没有打造品牌的机会，打造品牌的机会在于开创新市场。

在15年前，国内罐装凉茶的市场有多大？也许不到1亿元，但今天这个市场有多大？接近200亿元。越是革命性的、具有强大潜力的品类，现有的市场就越小，在可口可乐推出之前，消费者并不清楚可乐究竟是何物，现有市场为零，今天可口可乐与百事可乐已经创造了数百亿美元的市场。因此，对于新品类来说，"现有市场为零"常常意味着将拥有一个更加广阔的未来。

当然，这并不意味着企业毫无办法了解品类未来的前景，一个重要的参照是新品类对手（可能是完全替代性品类，也可能是部分替代性品类）的现有市场有多大。例如，在预计液态豆奶品类的前景有多大时，理论上讲可以参考液态牛奶品类今天市场的大小。

新概念并非都是新品类

开创新品类看似简单，实际并不简单，新品类首先应该与顾客心智的认知特点相吻合，因此，你必须充分了解顾客的心智特征，而且能够从顾客的角度来思考。很多企业都接受了开创新品类的思想，但是很少有企业真正开创了新品类，原因就在于，大多数情况下，企业所开创的"新品类"，并非真正的新品类，而仅仅是企业找出来的所谓"大创意"。

曾经有国内白酒企业推出了一个叫"纯净酒"的"新品类"，声称这种酒经过高科技处理，不含甲醇，非常健康。然而，这个新品类很快就在市场上消失了，原因何在？因为"纯净酒"违背了人们对白酒的认知，白酒不是一种化工产品。对于白酒而言，单纯的高科技概念无法进入消费者心智。

近年来，随着品类战略思想的传播，中国卷烟行业也掀起了品类创新的热潮，问题在于，卷烟行业的品类创新完全局限于卷烟香型的创新，黄鹤楼开创了"淡雅香型"，金圣开创了"本草香型"……形成独特的产品风格对于品牌是有益的，但开创新品类应当立足于消费者心智而非技术，卷烟消费者心智中并没有一个品类叫作"本草香"，消费者区分品类的工具叫作"价格"，中华代表50～60元价位的香烟，芙蓉王则代表20元价位的香烟。

当然也有例外，威龙推出过一款橡木桶干红，初衷只是期望通过一个新概念来吸引消费者，由于这款产品具有独特的橡木香味，被消费者广泛接受，取得了空前的成功。随后，长城、王朝纷纷推出橡木桶干红，使得威龙开创新品类的机会更加有把握。我们曾经强烈建议威龙聚焦橡木桶干红品类，但企业高层并没有接受，在他们看来橡木桶干红只是一个概念。

避免过度分化

品类必然分化，但不能过度分化，否则一方面会使新品类面临漫长的成长时间，增加成功的难度，另一方面也会使企业不能占据最具有价值的市场。

凉茶的市场上有癍痧凉茶、罗汉果凉茶、夏桑菊凉茶等，如果企业率先推出的是罗汉果凉茶或者其他小品类的凉茶，那么企业将面临同时陷入"罗汉果"和"凉茶"两个概念的困境，而复杂的概念往往容易使消费者心生排斥。

康师傅在1996年投入茶饮料的生产，当时推出的是柠檬茶和菊花茶。1997～1998年，康师傅又相继推出了冰红茶、绿茶和乌龙茶。随着2000年茶饮料市场的升温和旭日升的衰落，康师傅茶饮料迅速走红，成为中国包装茶饮料市场的领导品牌。虽然康师傅最早推出的是柠檬茶和菊花茶，但取得成功并占据其主要销量位置的是冰红茶和绿茶。今天，绿茶已经成为康师傅销量最大的品种。这正是品类分化的规律：从主流到支流。绿茶无疑是瓶装茶饮料最主流的品类。

随着市场的发展，支流品类的市场机会将越来越成熟，如乌龙茶、普洱茶、龙井、铁观音这些由已有的茶叶品类所转化而来的瓶装品类，以及凉茶、火锅茶这样的草本饮料品类。日本品牌三得利就是这方面的例子，它聚焦于一个支流品类——乌龙茶，经过十几年的发展，其在乌龙茶品类中已经占据绝对的份额。

警惕新品类杀手

需要注意的是，有时候从分化的规律来看，有的新品类理论上存在机会，但实际上很有可能已经被新品类杀手扼杀了。新品类杀手是指新品类机会的扼杀者，通常是老品类的领导品牌。

在瓶装茶饮料市场上，冰红茶、茉莉花茶等都有开创新品类的机会，但由于领导品牌康师傅采用品牌延伸的方式推出了相应的产品，统一也采用同样的策略跟进，这样，康师傅依旧占据冰红茶第一的位置。今天，消费者已经不认为冰红茶还是一个新品类，这个机会已经被新品类杀手康师傅和统一成功扼杀了。

碱性电池的品类开创者金霸王同时又成了锂电池的品类杀手。电池在不断地进化和分化中，锂电池出现了。金霸王推出了金霸王锂电池，劲量也跟进推出了锂电池产品，同样采取了品牌延伸策略。随着时间的推移，锂电池作为新品类的机会已经被扼杀了，至今没有诞生一个单独的专家品牌。

当一群老品牌在新品类上展开竞争时，谁会笑到最后？当然是老品类的领导者，因为当大家都是老品牌的时候，优势又回到了领导者一边。尽管百威推出淡啤的时机最晚，但百威淡啤现在是淡啤品类的第一品牌，而且还是整个啤酒品类里的第一品牌。新品类杀手努力的结果是，消费者不再认为淡啤是新品类，他们认为淡啤是另一种啤酒产品，与普通啤酒相比，如果有区别的话，可能只是多兑了点水。

当然，老品类的领导品牌无法随心所欲地扼杀所有新品类机会，实际上，主动权掌握在新品牌一方，而时间是最重要的因素。如果新品牌在品类机会出现的早期就诞生，那么新品类杀手也对其无可奈何。

刻板现象与领导品牌

很多企业选择通过提供更好的产品、更好的服务、更好的形象、更多的营销预算来突出自己的品牌,然而,最佳的选择却是开创一个新品类,对于资金实力较弱的中小企业而言,尤其如此。为何成为第一在打造品牌中是不可复制的优势?

1973年,诺贝尔医学奖得主康拉德·洛伦兹(Konrad Lorenze)发现动物会将其在出生后的第一次学习,永远留在脑海中,不会忘记。小鹅从蛋壳孵出来时,会把它看到的第一个会动的东西当成妈妈,后来的研究发现各种动物都有这一现象。这种现象就被称为"刻板印象"。人类同样也有"刻板印象",而且越是早期形成的"模板"越稳定,对日后行为的影响也就越大。

所以,消费者通常对首先接触的品牌印象深刻,当一个品类中只有一个品牌时,消费者很自然地把它当作新品类代表。品类创新者起步就是领导品牌,这将给品牌的后续发展带来强大的力量和资源。

除此之外,在应对未来竞争方面,开创品类的品牌也具有两个优势。第一是消费者心智认为,领导品牌肯定比其他品牌好,最好的产品或服务能赢得市场,这是公理。企业的逻辑是"好产品自然好卖",但是,消费者的逻辑是"好卖的自然是好产品"。第二是消费者心智认为,第一品牌意味着正宗,其他所有品牌都是原创的模仿品。

人们对领导地位(这个词有两个含义,即率先和销量最大)的认知制造出一种强烈的信息:这个品牌肯定意味着最好的产品,而对竞争对手的认知就会差很多。落后的品牌为了扩大销量,常常被迫降价。低价对消费者传递的信息是:"便宜没好货。"

"第一"的市场优势

在市场运作方面,第一者也占尽优势。随着现代终端的普及以及终端竞争的加剧,渠道成本和终端成本已经占据了企业营销费用中相当大的比重,货架位置的竞争迫使后来的品牌必须付出更加高昂的成本和代价。新品类的领先品牌进入通路的成本就比跟进与模仿产品低,所遇到的障碍也会更少,第一者通常受到渠道或者经销商的欢迎。王老吉进入全国饮料通路的成本显然要比又一个绿茶、又一个纯净水、又一个可乐低得多。在传播方面,第一者也具有得天独厚的新闻性,容易受媒体的关注,消费者口碑传播的效益也远远大于普通产品。

成为心智中的第一,而非市场中的第一

创新品类的关键在于心智。如果企业在创新品类的同时没有奠定"心智中的先行者"的基础,那么,成为市场上的先行者也无优势可言。

一个典型的例子是"万燕"。万燕发明了中国第一台 VCD,但是,它没有通过新闻和公关将这个品牌原创者的信息进行广泛传播,也没有通过大规模的广告投放来广而告之,最终被"爱多"抢占了认知,成为了消费者心智中的第一。这个现象曾经引发了国内企业界的讨论,被称为"万燕悖论",人们认为先行者很容易变成先烈,是在为他人做嫁衣。实际上,万燕的问题不在于开创新品类,而在于没有采取合适的品类战略方法(后文我们将详细谈论这个问题)。

品牌一旦成为心智中的第一,就与顾客建立了牢固的关系,而市场中的第一仅仅是一个普通产品。你不仅要开创一个新品类,还要把品牌烙刻在那个品类上,才能确保你的品牌成为真正的领先者而非先烈。

CATEGORY STRATEGY

第 4 章
04

品类化的五大要点

聚焦一款产品有利于品类品牌在消费者心智中清晰树立新品类的认知。为了确保品牌占据品类最有价值的部分，同时也使新品类在发展初期获得较快的发展，核心品项应该把握品类中最主流的市场。

找到具体的品类概念仅仅是开创新品类的开始，企业需要借助品类化的策略让新品类以及代表新品类的品牌更容易进入消费者心智，以下是品类化的五大要点：启用新品牌、为新品类命名、为新品牌命名、标志性视觉（视觉锤）、聚焦核心品项。

启用新品牌

企业推出新品类时在品牌策略上有两种选择：一种是启用新品牌，另一种是将老品牌延伸到新品类中使用。企业最佳的选择是启用新品牌，这是因为：首先，品牌是某一品类的代表，在消费者的心智中，一个品牌名通常最能代表的只是某一品类；其次，当品牌名称在心智中和某个品类紧密挂钩时，品牌将无法被移动。此外，消费者的心智更容易接受一个标注新品类的新品牌，新品牌可以带来新奇效应，令消费者和媒体更容易关注，同时也更容易引发对新品类的话题和口碑效应。而采用老品牌的新品类产品则常常容易被忽略。

蒙牛开创了高端牛奶新品类，并使用了新的品牌"特仑苏"，这种做法值得赞赏，对在牛奶领域一贯使用单一品牌的蒙牛而言，这本身是一种突破。"特仑苏"的名字也很好，独特、简单、上口，具有蒙古特征，符合消费者对牛奶奶源的联想。

营养快线堪称娃哈哈近年来推出的最成功产品，事实上，果汁加牛奶的营养饮料并非娃哈哈首创，在营养快线推出之前，几乎所有乳品企业都推出过类似的产品，命名为"风味奶"。毫无例外，这些企业都在这个产品上使用了原有的牛奶品牌。之前娃哈哈自己也推出过类似的果汁加牛奶的产品，只不过也使用了娃哈哈的名字，当然，这个产品没有成功。直到娃哈哈放弃了一贯的品牌延伸策略，使用了"营养快线"这个新品牌名之后，才获得了空前的成功。

从营销的历史来看，新品类的机会大多数情况下属于新品牌，丰田推出的高端汽车没有叫高端丰田，而是叫雷克萨斯；奔驰的超高档汽车没有叫超级奔驰，而是叫作迈巴赫。在劳力士之前，很多手表品牌都推出过高档产品，但只有劳力士使用了新品牌。在"水井坊"之前，很多白酒企业都推出过超高端的白酒产品，但只有"水井坊"采用了新品牌。

实际上，很多企业都会使用品牌延伸的方式推出新品类，因为它们认为采用已经出名的老品牌可以节约广告和营销预算，这是一种错觉。根据我们的观察和统计，企业对于延伸品牌的宣传投入并没有明显减少，收效却甚微。如果新品牌的起点为零，那么采用老品牌的起点则为负，因为在建立新品类的认知之前，还必须抹掉消费者已经形成的既有认知。在营销中，没有比试图抹掉既有认知更耗费成本、更徒劳的事情了，这个成本远比建立新认知更为昂贵。

对于企业来说，最昂贵的代价莫过于白白浪费了一个开创新品类的机会。事实上，很多原本已经开创了新品类的产品，由于没有采用新品牌而错失了建立强大品牌的机会。云烟印象就是其中一个典型的例子，云烟印象首创国内高档雪茄型卷烟，独特的概念和外观使其在推出初期风靡一时，但云烟品牌的中档认知制约了云烟印象的发展。在为红云红河集团提供战略咨询的过程中，我们强烈建议红云红河集团将"印象"品牌独立运作，尽管和上市初期相比，它已经失掉了更多的新闻性和关注度，但亡羊补牢，犹未晚也。LG 竹盐牙膏也属于此类。

我们曾经建议威龙在更高档的有机葡萄酒品类上使用一个独立的新品牌，因为从全国来看，威龙在消费者的心智中代表低档葡萄酒，而且企业对有机葡萄酒寄予厚望。企业高层权衡再三，最终投资公司的意见占了上风。投资公司担心作为企业最有潜力的资产，如果有机葡萄酒品牌不叫威龙,有可能影响其上市后的股价。但是相比启用新品牌,威龙需要多花费上亿的资金来修改消费者既有的认知,而且希望渺茫。

延伸品牌只有在一种情况下是可行的,那就是在你要延伸的领域里没有专家品牌存在。但长远来看,一个值得你延伸的市场,必定会诞生专家品牌,而且从营销的历史来看,专家品牌通常会战胜延伸品牌。对于这个问题,很多人会提到康师傅的例子,因为这个品牌在方便面和瓶装茶饮料两个品类上都占据第一的位置。康师傅品牌延伸的成功一方面得益于开创新品类,以上两个品类都由康师傅开创;另一方面得益于竞争对手的配合,几乎所有的对手都采用了品牌延伸策略,这样大家又回到了同一起跑线上,而康师傅的领先优势发挥了作用。

有的企业虽然知道新品类需要新的品牌,但同时又担忧新品牌在初期会面临信任度的问题,因此往往采取折中的副品牌策略:在老品牌的后面加一个新名字,这是一种骑墙的做法。确实,在新品类上市初期,消费者可能会问,这个品牌是哪家企业推出的?解决这个问题只需在包装上或者在上市初期的广告上标明"XX公司出品"即可,这正是宝洁公司的做法,每个新品牌在上市的前6个月都有机会背书"宝洁公司优质产品"。随着时间的推移,品牌获得越来越多的信任度,直至不需要企业的背书。消费者关注的是品牌,采用副品牌策略会给品牌的传播带来干扰。

为新品类命名

在营销中,名字是企业最重要的决策,其重要程度甚至不逊于开创一个品类。因为名字是与消费者心智接触最为紧密的部分,所有的营销和传播活动都与品牌名有关,里斯半个多世纪的营销战略实践经验表明:糟糕的名字足以葬送一个新品类的前途,而很多品牌在竞争中的劣势都与品牌名有关。然而，这一直未能引起企业家的足够重视。

每个创新品类的品牌都面临两种命名考虑：一种是品类名，另一种是品牌名，二者命名的要求截然相反：品类名要求通俗、容易理解、具有通用性；品牌名则要求独特、简单、顺口、寓意品类的某种特性。品类名通常要避免太有创意，品牌名则需要有创意。

面对新品类，消费者首要的问题是：它是什么？品类名的作用是给予消费者直观、简洁的答案，而不是令消费者更加迷惑或者浮想联翩。好的品类名如绿茶、红茶、冰红茶、乌龙茶、豆奶，这些品类名简洁、清晰，潜在消费者容易理解。然而，在实践中，企业通常不会也不愿意用简单的概念来定义新品类，因为这样会显得没有创意。"尖叫"被定义为"情绪饮料"。什么是"情绪饮料"？最直接的联想或许是酒精类饮料；"苗条淑女"原本是一种具有瘦身功能的饮料，品类名却命名为"心动饮料"。消费者心智中不可能有一个叫作"情绪饮料"或者"心动饮料"的品类，他们也无法理解这是什么东西。

为新品类命名的重要方法是尽可能借助已经具有广泛认知的概念和品类。例如，消费者对维生素和葡萄糖有普遍的认知与了解，维生素水和葡萄糖饮料就容易理解。当然，品类名还应该与新品类的总体基调相吻合，如纯净水是一个不错的品类名，也广为人知。而"纯净酒"则不是一个好的品类名，因为白酒是中国传统文化的一部分，"纯净酒"这个名字过于具有现代和科技感，同时容易让消费者产生"酒中兑水"的负面联想。

空气能热水器最初的品类名混乱而过于专业，包括热泵热水器、热泵、空气源、空气源热泵等，这使得消费者对空气能热水器的了解十分模糊，更不利于品类的推广。直到"热泵"改成"空气能热水器"这个品类名，解决了认知上的障碍，这个行业才迅速被大众所接受。为什么"空气能热水器"这个品类名更容易被心智所接受？首先，它借助了消费者已经普遍认知的老品类名如"太阳能热水器",这样消费者看到"空气能热水器"的时候就会容易产生这样的理解:"既然太阳能热水器是借助太阳能量的热水器,那么空气能热水器就是借助空气能量的热水器。"尽管很少有消费者能够理解什么是"空气能量",但这并不重要。其次,"热泵"等概念是专业名词,而"空气""太阳"等概念则是常用名词,更容易理解和接受。

有的品类名带有区域性,在其他一些区域可能存在歧义甚至负面认知,例如"凉茶"在北方人的认知中是"隔夜茶","糖水"在部分区域的认知是"白糖泡水"。但这并不影响品类的发展,通过首先立足于有较好认知的区域发展,品类会逐渐被更广泛的消费者接受。

为新品牌命名

品牌名则要求独特、简单、顺口,寓意品类某种特性,好的品牌名如可口可乐、白加黑、喜力、百威、帮宝适、格力等。与为品类命名的误区相反,很多企业喜欢采用通用性的品牌名,认为这样做可以垄断整个品类,这是一个命名上的致命错误。典型的例子是伊利的金典牛奶,很显然,对于消费者而言,"金典"与"经典"谐音,"金典"作为一个品牌名并不独特,有明显的通用性,很多产品都有"经典"系列。稻花香集团推出的"清样"品牌,也是一个明显具有通用性特征的品牌,听起来很容易让消费者联想到酿酒过程中的"样酒"。类似的例子还包括"原叶""维他奶"。

独特性品牌名的一个重要特征就是用不经常使用的词汇。例如"黄牛"是经常使用的词汇,黑牛则不是,作为一个品牌名,"黑牛"比"黄牛"更好。与"统一"这个名字相比,康师傅显然更好。与品类相关的联想及好的寓意也很重要,与双种子相比,"真功夫"寓意厨艺出众,因此是一个更好的名字。作为一个中餐品牌,"东方既白"就是一个糟糕的名字,与餐饮毫无关联。

另一个命名的误区是，借助已经建立广泛知名度的"名字"来做品牌，期望这样可以节约传播成本。刀郎成名之后，有企业推出了"刀郎酒"；《九月九的酒》这首歌成名之后，茅台集团推出了"九月九的酒"；水立方出名之后，茅台集团推出了"水立方酒"；《非常六加一》这个综艺节目出名之后，有企业推出了"非茶六加一"品牌。这些做法看似有创意，但本质上与采用品牌延伸策略类似。通常已经建立广泛知名度的名字都有所代表，例如刀郎代表一个新疆民歌手，要"修改"这一既有的认知，所花费的代价远高于所节约的传播费用，而且无济于事。实际上，你会发现使用这一策略的品牌鲜有成为大品牌的例子，原因正在于此。

随着越来越多的中国品牌走向全球市场，拥有一个可在全球市场使用的好品牌名变得至关重要，而这也正是中国品牌当前的问题。很多拥有不错中文名的中国品牌普遍缺乏一个好的英文名，很多名字来源于中文名的汉语拼音或者变体，在英语语系中甚至难以拼读。20世纪20年代，可口可乐进入中国市场，最初使用的中文名叫"蝌蝌啃蜡"，后来才使用了"可口可乐"这个经典的名字。可以肯定的是，如果使用"蝌蝌啃蜡"这个名字，可口可乐在中国市场将十分虚弱，这和产品毫无关系。

京瓷手机的例子已经说明了这一点，京瓷的名字是"京都陶瓷"的缩写，虽然CDMA手机技术全球领先，但是糟糕的名字让这个品牌最终未能在手机市场上有太大的作为，输给了"三星"；索尼最初的名字也和"京瓷"类似，叫作"京通工"（东京通信工业），为了适应全球化的需要，改名为"SONY"，如果继续使用"京通工"这个名字，索尼还能获得今天这样的成功吗？答案自然是否定的，这和产品、技术、服务没有任何关系。

我们多次指出"青岛啤酒"的英文名让消费者难以读出，联想的英文名"Lenovo"听起来像意大利甜点。实际上，茅台、五粮液等品牌都有一个不错的中文名,但大部分英文名都极其糟糕。这些都将成为中国品牌走向世界的障碍。

标志性视觉(视觉锤)

如何将定位植入潜在顾客的心智?如果定位是一根钉子,那么视觉则是一把锤子。换言之,品牌有了定位(语言钉)之后,还需要视觉锤。

建立视觉锤的目的在于强化品类的独特性,令其更容易进入消费者心智,同时也使得品牌在与竞争品牌的竞争中占据更有利的地位,成为潜在消费者心智中品类的稳固代表。视觉锤包括独特的外观、色彩、包装、LOGO、经典广告形象等。

独特外观的例子如可口可乐的裙形瓶子、茅台的白瓷瓶子红瓶贴、Thinkpad 的经典黑色等。当然,独特外观也包括采用独特的容量,在美国,酒吧和餐馆里几乎每种饮料都是 12 盎司罐装或 20 盎司瓶装的。作为新品类,能量饮料在包装上应该做到不同。因此,红牛推出了 8.3 盎司的罐装。脉动开创了维生素水新品类,采用了大于 400 毫升的大包装,达到了强烈提示消费者与众不同的作用。

独特的色彩如宜家的黄、可口可乐的红白等,需要强调的原则是"差异比美观更重要",重要的是与竞争对手相区隔和突出,例如可口可乐是红白,百事可乐则是蓝白,尽管蓝白色被认为属于冷色调,也并不美观,但蓝白体现对立性的品类战略,因此更加有效。这正是"蓝色经典"所采用的策略。

品牌的经典广告形象也有利于强化品类的独特性,万宝路的牛仔形象强烈地传递了"男子气"香烟的品类特征;宝马汽车蜿蜒盘旋的道路则强化了"驾驶乐趣"的品类战略。换言之,品牌应当长期坚持经典广告形象,以使之成为品牌标志性视觉的组成部分。

产品独特的外观设计对于街头能见度高的产品尤其重要,如宝马汽车设计了独特的隔栅,使品牌在车流中易于识别;再如LV的箱包保持了独特的格子图案,在人群中一目了然。

品牌的标志性视觉是品牌独特性的重要组成部分,除非品牌确立了新的标志性视觉,否则不应该被稀释和破坏。Thinkpad是否应该改变一贯坚持的黑色外观,推出各种各样的彩色产品?答案当然是否定的,黑色代表了商务和高档,它已经成为了Thinkpad与其他品牌相比最为显著的差异,消费者甚至称之为"小黑";彩色则代表个人和娱乐,这与Thinkpad的定位明显相悖。

聚焦核心品项

新品类需要尽快进入消费者心智,心智的特征则是害怕混乱,不愿意搞清楚复杂的事情,把复杂的事物标注为"混乱",然后作为垃圾信息进行过滤。聚焦一款产品有利于品类品牌在消费者心智中清晰地树立新品类的认知。为了确保品牌占据品类最有价值的部分,同时也使新品类在发展初期获得较快的发展,核心品项应该把握品类中最主流的市场。

康师傅推出方便面之初聚焦于一款产品——红烧牛肉面,因为调查显示红烧牛肉面是中国消费者接受面最广的口味。统一在低浓度果汁市场推出过"鲜橙多""蜜桃多"等多款产品,但只有"鲜橙多"一枝独秀,原因在于"橙汁"是接受面最广的果汁。

统一推出的"茶里王"正是因为初期过早延伸产品线而导致失败的典型代表。"茶里王"推出之初,聚焦于"台湾绿茶"一款产品,宣传的口号是"绿茶的回甘,就像现泡"。这款产品在上市初期取得了巨大的成功,糟糕的是，"茶里王"很快推出了"日式无糖绿茶""英式红茶"等产品，口号只好改为"茶的回甘，就像现泡"。多产品策略给消费者认知和终端销售都带来了混乱。有一个典型的例子：消费者对杂货店的老板说要一瓶"茶里王"时，杂货店的老板只好问，你要"台湾绿茶""日式无糖绿茶"，还是"英式红茶"？一部分消费者选择回答"台湾绿茶"，结果往往是缺货；一部分消费者干脆回答，那还是康师傅绿茶吧。

这一原则在实践中常常会受到"满足消费者多种口味、多种价位需求"，甚至"单一产品难以抢占更多卖场空间"等观念的挑战。这是一种本末倒置的思考方式，企业所考虑的核心问题应该是为新品类争取更多的卖场展示空间，但不能为更多的展示空间而稀释和破坏新品类。

王老吉在这方面做出了最好的示范，由于授权的限制，加多宝只获准经营王老吉品牌旗下的"红色罐装"产品，这款高度聚焦的单一产品在新品类的推出和发展过程中展现出了惊人的威力，红罐王老吉创造了中国饮料史上的奇迹。

只拥有最先进的技术，无法确保成功地创建品牌，要创建成功的品牌，必须遵循品类化的原则，在消费者心智中做到第一。21世纪最重要的新产品是苹果公司的iPod，但第一个推出高容量MP3播放器的并不是iPod，而是新加坡的创新科技公司（Creative Technology），遗憾的是它的产品从没进入消费者心智。

2001年11月，iPod开始在美国零售店上架。而在一年多以前（2000年7月），创新科技公司已经第一个在美国市场上推出硬盘MP3播放器，名字叫Creative Nomad Jukebox。比起iPod最初的50亿字节硬盘，创新科技公司的产品有60亿字节容量。Creative Nomad Jukebox第一个进入市场，却没有抢先进入消费者心智，原因在于它不了解品类化的原则，因而没有机会进入消费者心智。创新科技公司犯了很多中国企业目前正出现的种种品类化的错误,我们来看看其中的一些。

(1)品牌延伸。创新科技公司之前已经在卖另外两款 MP3 播放器——Creative Nomad II 和 Creative Nomad II MG(镁包装)。这两款产品都有 64 兆字节的存储芯片,这意味着它们能容纳大约 20 首歌,而不是硬盘 MP3 能容纳的几千首。换句话来说,硬盘 MP3 播放器是一个完全不同的品类。在两个品类里同时使用"创新"这个名字会让消费者产生混淆,最后破坏品牌建立的进程。

(2)品牌命名的失策。首先,"创新"是一个描述性、品类性的名字。不能拿一个品类名来建立品牌,你需要的是一个独特的品牌名。什么是品牌名?它是人们创意出来的独特名字,比如 iPod、Intel、Microsoft(相比之下,创新科技像一个行业的名称)。此外,决定产品名是不是一个好的品牌名还有很多其他标准。

(3)品牌名过长且复杂。比较一下 Creative Nomad Jukebox(7 个音节)和 iPod(2 个音节)。要在今天这个信息爆炸的市场上建立世界品牌,你需要一个简短又简单的品牌名(比如红牛)。一个品牌名要获得真正意义上的成功,意味着它要成为特定品类的代名词。没有人会把一个品类叫作硬盘 MP3 播放器,他们会叫它"iPod"——即使有时人们说的是其他制造商生产的 MP3 播放器的名字。这是为什么像 Creative Nomad Jukebox 这样的名字永远不会起作用的另一个原因。

(4)复杂的产品线。除了 MP3 播放器,创新科技公司还生产其他产品,比如创新禅移动媒体中心(Creative Zen Portable Media Center,又是一个糟糕的品牌名)、数码相机、图形加速卡、网路调解器、CD 和 DVD 光驱、主板喇叭、声卡以及电子乐器。

创新科技公司真的看见硬盘 MP3 市场的巨大潜力了吗?我们认为没有,不然这家公司早就已经放弃其他产品线,聚焦在新产品上了。创新科技公司本应该成为一家重磅级的公司。2007年,苹果公司实现营业额193亿美元,税后纯利润20亿美元,纯利润率为10.3%,其中,最重要的产品iPod销售量突破1亿台。与之对应的是,创新科技公司2007年的营业额为11亿美元,比前年缩水了1.18亿美元。

令信奉技术至上观念的人们大跌眼镜的是,事实上,苹果公司的"iPod"抄袭了创新科技公司的技术,为解决MP3播放器的专利权诉讼,苹果公司赔付给了创新科技公司1亿美元,但这与iPod数百亿美元的销售额相比,实在微不足道。创新科技公司一度在技术上领先一步,但苹果在营销上显然更胜一筹,因而取得了决定性胜利。而正是由于对品类化及品类战略缺乏必要的理解,创新科技公司丧失了拥有21世纪最成功的新产品的机会。

CATEGORY STRATEGY

第 5 章

05

为新品类定位

新品类必须把原有的老品类准确地定义为自己的对手，并通过对立性的定位，从老品类中争取到更多的顾客，赢得更多的生意，从而实现更快速的增长。

定位就是确定品牌在品类中的最佳位置。

对于新品类而言，定位的目的与作用，则在于推动品类的成长。新品类诞生之初，面临的是极其微小的市场，因为现有的消费者都习惯于老品类，习惯是顽固的，没有充分的理由，他们很难从老品类转向新品类。因此，新品类必须把原有的老品类准确地定义为自己的对手，并通过对立性的定位，从老品类中争取到更多的顾客，赢得更多的生意，从而实现更快速的增长。换言之，如果新品类没有一个好的定位，品类成长的速度将非常缓慢，品类发展的空间也极其有限。

一种观点认为：可口可乐代表可乐品类，那么可口可乐的定位就是"可乐"，同理，麦当劳的定位就是"西式快餐"。这是一种错误的理解，它混淆了品类与定位的区别，把品类等同于定位。

确定合适的竞争对手

定位的首要问题是确定合适的竞争对手，这和开创新品类一样关键。任何新品类的市场都来自老品类，每一个新品类必须明确竞争对手，否则就丧失了生意来源，也就无法生存。

以美国最畅销的黄尾葡萄酒为例。在黄尾葡萄酒出现之前，黄尾葡萄酒的顾客肯定有所选择，无论是其他的葡萄酒还是其他饮料，它们本质上都是黄尾葡萄酒的对手。

为新品类确定对手必须要跳出常规思维的限制。正如德鲁克先生所言，很多企业甚至并不清楚自己真正的竞争对手是谁，他列举了劳斯莱斯的例子："劳斯莱斯的对手很有可能是其他的奢侈品，而非其他的汽车品牌。"

新品类的生意可能来自多个不同的品类，企业需要确定一个主要的品类作为其主要的对手。例如"七喜"推出之初，其生意可能来自果汁饮料，也有可能来自其他包装的饮料,但"七喜"将最为主流的饮料"可乐"作为对手,确定了"非可乐"定位,使自己成为可口可乐和百事可乐之后的第三大饮料品牌。

如何判断和确定合适的品类对手?需要重点考虑以下两个方面的因素:首先是新品类对老品类市场是否能产生明显的替代性。新品类应该在某一方面比老品类更具有明显优势,而这种优势是老品类中相当一部分消费者所关注的。豆奶不会完全取代牛奶,但对于关注脂肪和胆固醇的消费者而言,豆奶比牛奶更具有明显优势。其次是对手品类的市场是否足够大,这在一定程度上决定了新品类未来的成长空间。

针对竞争对手发展定位

消费者心智中新品类的潜在位置,常被既有品类占据,只有确定既有品类为竞争对手,进行攻击,才能达到移开既有品类,进入潜在位置的目的。

汽车发明之初,马车仍然是市场主流,汽车的主要竞争品类依然为马车,因此,汽车在初期定位为"不用马的马车",汽车的动力用"马力"来衡量。在美国,威士忌曾是销量最大的蒸馏烈酒。而后,杜松子酒成长为新的大品类。杜松子酒的策略就是把威士忌当成敌人,其攻击要点是:威士忌是过时货,而杜松子酒是最"流行"的饮料。

"维维"豆奶曾经是中国豆奶粉第一品牌,其主要对手曾经是牛奶粉这样的产品,后来液态奶逐渐取代了奶粉成为主流,"维维"这个品牌也因为豆奶粉品类的衰落而受到影响,维维于是开始迎合市场,推出"天山雪"乳制品,产品涵盖了牛奶、酸奶、冰淇淋等。这种短视战略直接导致维维丧失了一个和牛奶一样巨大的潜在市场——液态植物奶。实际上,在丧失牛奶粉这个品类对手之后，维维应该主动分化、进化，把液态牛奶当作对手，推出液态豆奶产品，并确定与牛奶品类的针锋相对的定位。

有效的定位常常很明显

新品类的最佳定位常常是品类的第一特性。凉茶品类的第一特性是什么？防上火。可是为什么在王老吉找到防上火这个定位之前，所有的凉茶品牌都在"传统、健康、养生"这些概念上徘徊呢？花生油的第一特性是什么？香。可是为什么在鲁花花生油"香飘万家"之前，没有任何花生油品牌意识到"香"是最有利的战略呢？新品类的定位常常很明显，因为明显，以至于经常被企业忽略。

事实上，有效的战略通常都是明显又简单的。

在最近几年里，威露士、蓝月亮等企业都对洗衣液这个品类寄予厚望，投入了大量广告和营销预算，但是反响平平；其中的重要原因，就在于定位欠妥。洗衣液与老品类洗衣粉相比有何优势？定位的切入点应当为何？几个品牌分别宣传的是"更干净"和"呵护你的衣服"，这明显不是好的切入点。消费者并不会觉得洗衣粉不能把衣服洗干净，也不会觉得洗衣粉会严重地伤害衣服。一个明显的问题是：既然有了洗衣粉，为何还诞生了洗衣液？因为洗衣粉通常不能充分融化，经常会遗留在衣物上，形成污渍。这就是洗衣液定位的最佳切入点。

定位应当符合认知

新品类的定位应当与顾客既有的认知吻合。

凉茶（王老吉）定位为"防上火饮料"，是因为其符合了大众对凉茶的认知。九龙斋酸梅汤将自己定位为"去油解腻"的饮料则明显违背了大众的认知基础。尽管就心智而言，尚存在"去油解腻"饮料的空缺，而该定位确实也蕴涵了巨大的市场机会，但在大众的认知里，酸梅汤是"消暑开胃"的产品，和"去油解腻"没有多少关系。或许把九龙斋酸梅汤现在的定位送给大益普洱茶更合适："去油解腻，喝大益"。

CATEGORY STRATEGY

第 6 章
06

推出新品类的六个要点

通常的看法是品牌进入的渠道越多，销售的网络越广，能见度越高，销售量越大。这是一种误区，新品类推出的初期，应避免广铺渠道，这对于那些资金实力不强的中小企业来说，尤为重要。

经历了分化趋势研究、发现新品类概念、实施品类化策略,并明确了新品类定位这一系列过程之后,对新品类的规划已经完成。但是如何将企业规划中的新品类铺向市场,进入潜在顾客的心智中?如何实现品牌的滑翔式起飞?以下是成功推出新品类的六个要点:界定原点人群、界定原点市场、聚焦渠道、站在竞争对手旁边、飞机滑翔式启动、投入时间和耐心。

界定原点人群

开创新品类,然后界定新品类可能的消费群,这与菲利普·科特勒先生的《营销管理》中 SPT 战略的步骤完全相反。新品类的潜在消费者通常会由多个不同消费群体组成,首先影响哪个人群,对新品类的启动至关重要。然而对于不同的品类,原点人群的选择并不相同。

原点人群可能是品类消费的高势能人群,他们可能是某一品类的专家或者重度消费群,也就是通常人们所说的意见领袖,一旦得到这些高势能人群的认可和消费,将对其他消费群体产生影响和示范作用。这种情况通常适合专业性较强或者高档消费品类,例如专业体育用品、汽车、红酒等品类。耐克品牌创建初期,选择专业运动员作为原点人群,赢得了"运动员的鞋"的口碑,之后消费人群逐渐扩大到非专业运动人士。

原点人群也可能是新品类最容易切入的人群。例如,百事可乐开创了"年轻人的可乐"这一品类之后,聚焦于中学生群体展开营销,取得了良好的效果。

总体来看,消费者可以被划分为两大类:传统或者非传统。大部分消费者属于传统群体,为了应对各种各样的消费风险,他们购买"传统"的产品,买其他人在买的产品。而另一部分消费者则是非传统的,他们不仅愿意甚至渴望尝试新东西。新品类推出的初期,少数的非传统人群开始尝试和购买产品,而传统人群则处于观望状态。

界定原点市场

与界定原点人群的目的和作用类似，界定原点市场就是选择新品类较容易立足，同时便于其未来发展的地方。理想的原点市场应当具备以下特征：在新品类的目标市场中具有典型性和代表性；当地消费者对品类的消费基础好，消费观念较为成熟，接受度高；品类消费者能力强，可以产生辐射效应。选择和确定原点市场的方法就是参考竞争品类或者近似品类在当地的发展情况。

由于经济、历史、文化的原因，不同品类的原点市场并不相同。例如，无锡通常被看作保健品的原点市场，因为当地经济发达，购买力强，同时人们保健意识超前，对保健品接受度高。令史玉柱翻身的脑白金正是在经历了初期几个市场的失败之后在无锡市场获得了成功，奠定了全国市场成功的基础。

郑州和深圳则经常被作为白酒品类的原点市场，二者又有所不同。郑州处于中国第一白酒消费大省——河南的中心，当地市场容量大，白酒消费能力强，但受经济发展因素制约，消费多以中低端白酒为主，金六福等品牌正是从郑州市场启动走向全国的。深圳则由于具有移民城市特征，经济发达，消费能力强，尤其对新品牌接受度高，成为中高档白酒品牌的原点市场。

通常情况下，原点市场不宜过大或者过小。市场过大，启动市场所需要的资源较多，需要的时间也较长，新品类所承担的市场风险也更大；市场过小则可能不足以形成影响。

聚焦渠道

通常的看法是品牌进入的渠道越多，销售的网络越广，能见度越高，销售量越大。其实，这是一种误区。新品类推出的初期，应避免广铺渠道，这对于那些资金实力不强的中小企业来说，尤为重要。

聚焦渠道的目的首先是争取渠道更多的支持。随着商业渠道之间的竞争越来越激烈，渠道商也更加重视开发和引入新品类以及独家销售的品类与品牌，这可以使新品类在与渠道的谈判中争取到更多支持。聚焦渠道也有利于企业资源的集中，使新品类获得更多展示机会。今天我们面临的是一个产品爆炸、信息爆炸的时代，新品类一推出市场，就面临淹没在产品海洋中的危险，正如《战争论》的作者克劳塞维茨所言："如果不能取得绝对的优势，就应该把兵力投入到关键的地方，取得相对的优势。"聚焦渠道后，企业可以争取在单一的渠道中实现更多的陈列、展示、试用、推广新品类的机会，提升新品类成功的概率。同时，企业也可以获得更好的投入产出比，使企业的运作走向良性。

很多中小企业的发展壮大，都是经历了一个渠道或局域市场的突破后实现的，譬如脑白金从中小城市的药店开始突破崛起；劲酒品牌从一开始就聚焦餐饮渠道发展；王老吉初期重点聚焦火锅、烧烤连锁。

极致的做法是把最初的渠道聚焦到一个连锁渠道。在美国，Charles Shaw（葡萄酒每瓶两元）以单一连锁店（Trader Joe's）开始，而且只在一个州（加州）进行，成为史上增长最快的餐酒。Newman's Own 沙拉味调料也是从一个超市（康涅狄格诺沃克的 Stew Leonard's）开始，推出后两个星期的销量就达到 1 万瓶。

站在竞争对手旁边

一旦确定了主要竞争对手，新品牌要做的就是尽量站在竞争对手旁边。你的主要竞争对手可能是某一品类，也可能是某一品牌。宝马把奔驰当作竞争对手，于是，它把自己的专卖店开在了奔驰专卖店的隔壁；百事可乐把可口可乐当作竞争对手，于是它占据了超市中可口可乐旁边的货架。

品类之间的竞争也一样，如果果汁要和牛奶争夺早餐市场，就应该陈列在牛奶旁边；如果豆奶针对牛奶竞争，也应进入牛奶的主要渠道，并尽量陈列于牛奶旁边。真功夫针对的是麦当劳和肯德基这样的西式快餐，就把店开在了麦当劳或者肯德基的旁边。

站在竞争对手旁边有两个重要的原因：第一，你的生意来源于竞争对手，所以，你必须在它出现的地方出现；第二，这样做可以给消费者一个强烈的暗示——"我是它的对手"，从而也让消费者可以将品牌和竞争品牌（品类）联系在一起，并加以比较。

飞机滑翔式启动

启动一个新品类的方式有两种：一种是飞机滑翔式启动，先缓慢发展，积累势能，然后，等到新品类逐渐被大众所了解，再迅速推广开；另一种是火箭式启动，通过投入巨额广告，在较短的时间内，实现品牌销量的快速增长，然后从最高峰跌落。

飞机滑翔式的启动方式是新品类最佳的选择。推出代表新品类的品牌面临的最重要的问题是可信度。新概念不可信，尤其是新概念在广告中推出的时候。如果伟哥是通过广告运动推出的，它很可能一无所成。广告要有成效，首先需要第三方提供可信度（第三方可能是朋友、邻居、亲戚或者媒体）。

正因为如此，推出新品牌时最有效的营销方案是以公关活动开场。公关推动口碑传播，为品牌建立可信度。品牌只有在获得一定的可信度后，跟进的广告才能充分发挥作用。推出新品类的最佳方式，应该是主要利用公关技巧，缓慢打造品牌，一旦转折点出现，马上推出大量的广告活动进行巩固和加强。

农夫山泉天然水的推出正是公关启动的良好示范。在推出天然水之初，农夫山泉首先召开新闻发布会，宣传天然水相比老品类纯净水的好处，并宣布关停纯净水，引起媒体的广泛关注和报道。事实上，在新闻发布会之前，农夫山泉的纯净水生产线已经关停。

进一步，农夫山泉推出了著名的"植物生长版"的广告，对比分别浇灌纯净水和天然水后，植物呈现出不同的生长情况。这则广告的精彩之处不在于创意，而在于它不像广告，更像一则新闻，更重要的是这则广告引起了舆论关注和行业的讨论，制造出了惊人的公关效应。"天然水"这个品类也因此逐渐进入消费者心智。

并非所有的情况都适合用公关启动品牌，例如"老品牌重新聚焦品类"的情况就属于此类。对于老品牌而言，顾客可信度并非主要的问题，主要的问题是重新明确品类，并唤起老消费者的记忆，强化新消费者的认知。老品牌本身已经缺乏新闻性，要发动一场庞大的公关战役十分困难。

"抢占心智中品类空缺"的品牌也不适宜用公关启动。例如喜之郎品牌推出之前，市场上已经有很多果冻产品在销售，只是缺乏一个全国公认的果冻品牌，果冻品类完全不需要教育消费者和培育市场。在这种情况下，品牌的战略重心是尽快抢占消费者心智，成为消费者心智中品类的代表，因此大规模的广告和传播是企业最佳的选择。

虽然飞机滑翔式启动更有利于品牌长远发展，但现实中大部分企业仍然喜欢采用火箭式启动。2008年10月28日，巨人投资高调推出保健礼品酒——黄金酒，声称"3亿投入、10亿销售"。黄金酒上市之后情况如何？上市9个月之后，巨人投资对外公布黄金酒实现了7亿元的销售额，但是熟悉黄金酒运作的人士透露："7个亿的销售额实际上是通过产品转移完成的，大多数黄金酒都是从五粮液保健酒厂的仓库里转移到渠道和商超的仓库里的。"

由此来看，黄金酒的启动很难称得上成功。更为重要的是，大规模的广告带来的负面效应提前透支了品牌的发展潜力。相比之下，我们更欣赏劲酒的做法，作为保健酒品类的开创者，劲酒用了十几年的时间"缓慢"发展，逐步迎来发展拐点，2012年劲酒实现了60亿元的销售额。

正是由于中国重视礼仪文化，众多品牌都希望以"礼品"定位切入市场，需要注意的是，"礼品"往往是品牌阶段性或者时节性的"定位"，品牌要取得长远发展，必须建立在品类的创新上。回顾脑白金的发展历程，正是经过了初期的摸索，从中老年人最容易接受的"肠道""睡眠"等典型症状切入，逐渐成为中老年人的保健品，最后才有中老年"礼品"的成功。如果没有之前的铺垫，之后的礼品定位则是无根之水。当一个品牌被大众广泛认可时，自然就进入了礼品行列，烟、酒、茶叶更是传统礼品。从之前的一系列举动可以看出，脑白金整个启动过程是典型的滑翔式起飞，而黄金酒第一年就定出"3亿投入、10亿销售"的目标，则是典型的火箭式启动，起得越快（如果能的话），落得越快。

投入时间和耐心

最强健和最持久的品牌都是由原有品类分化创建的，但是分化是一个缓慢的过程。实际上，越有前景的新品类越需要漫长的时间去发展。

首先，新品类的完善和成熟需要一个漫长的时间，电视机于1927年发明，但是直到第二次世界大战之后才成为大众商品，20世纪30年代大力推广电视机品牌的公司可能会破产。虽然大多数企业所开创的新品类并不像电视机一样具有革命性，但是仍然面临完善的问题。这些问题有的指需要对产品进行完善，有的指需要国家相关法规的变更。例如，凉茶在推出的过程中就先后面临"口味""配方"等问题，为了建立凉茶"饮料"的认知，避免产生药饮的联想，企业调整了产品的配方，淡化了"药味"。其后，对于消费者和媒体不断投诉的凉茶中使用了"夏枯草"等中药材原料的问题，在国家有关部门的介入下，特许相关成分在产品中使用，才使品类获得了合法身份。

新品类被人们广泛接受也需要时间。比尔·盖茨早期碰到的问题之一，就是人们认为软件没有价值，大多数用户都是从朋友那里复制自己电脑需要的软件（Altair 用户中不到 10% 购买了微软的软件）。

红牛是饮料行业典型的新品类，开创了能量饮料这个品类，但红牛在美国市场花了 9 年时间年销售额才达到 1 亿美元。微软花了 10 年时间，年销售额才达到 1 亿美元。沃尔玛花了 14 年时间，年销售额才达到 1 亿美元，如今这个品牌的销售额达到了 1980 亿美元，并且已经成为全球最大的零售商。老干妈从 1996 年推出豆豉辣椒酱，到 2003 年才实现了 6 亿元的销售额。

当新产品销量由早期的缓慢增长变成突然加速时，转折点就出现了。根据我们的研究，从新品类的推出到出现这样的转折点平均需要 6 年时间。一旦转折点出现，就意味着新产品已经由小众开始进入大众市场，此时，企业投入广告将有力地推动这个过程，广告的投入产出比最佳。

2007 年 5 月，可口可乐公司宣布以 41 亿美元的价格收购美国著名的维生素水制造商 Glaceau；2008 年 9 月，可口可乐再次宣布耗资 179 亿港元希望收购中国著名果汁品牌汇源，希望以此增加其在非碳酸饮料市场的份额。消息传出，可能有人会问，为何可口可乐不自创品牌，而花费如此高昂的代价来收购别人的品牌？实际上，不仅可口可乐，大多数大公司都这么做：不做自己的新品牌，而从别的公司购买品牌，而且很多时候购买价格不菲。

在过去的20年里,世界最著名的营销机器——宝洁公司推出了许多著名的品牌,例如伊卡露、玉兰油(Oil of Olay)、潘婷(Pantene)、Cover Girl、Noxzema、Clarion、Old Spice、Max Factor、Giorgio、Baby Fresh、Tampax、Iams、Spinbrush、Clairol、Wella、Vicks和Glide。事实上,以上17个品牌全是宝洁从别的公司收购过来的,再重新塑造为宝洁公司的品牌,比如Glide是宝洁从W.L. Gore公司收购过来的,Wella则是宝洁从一家德国企业手里花了65亿欧元买来的。

宝洁被企业界誉为品牌教父,又拥有资金的优势,为什么不做自己的品牌反而去别人那里收购呢?我们认为其主要原因在于大公司推出新品牌的成功率并不高。不说别的,在中国市场上,宝洁公司先后推出了沐浴露品牌激爽和洗发水品牌润妍,但都没有获得成功。

百事可乐也一样。为什么百事可乐收购激浪(Mountain Dew)和佳得乐(Gatorade),而不是创建自己的咖啡因果汁和运动饮料品牌?并非百事可乐没有做过尝试,它推出过一种运动型饮料All Sport,现已在市场上消失。正因为如此,它才花巨资买下了运动饮料的领导品牌佳得乐,佳得乐连同母公司桂格燕麦(Quaker Oats)共花掉百事可乐130亿美元。

软饮料中的"宝洁"——可口可乐也不例外,在推出自己的新品牌上,可口可乐并不比宝洁做得好。可口可乐错过了咖啡因果汁饮料的品类(以激浪为领导品牌),所以它尝试以Mello Yello进入这场争夺战,然而天不遂人意,之后又推出的Surge,也是一件失败的作品;可口可乐错过了辣可乐的品类(领导品牌为Dr. Pepper),所以它试图以Mr. Pibb进入市场,也没有成功;可口可乐还错过了自然饮料品类(领导品牌为Snapple),所以它试图以Fruitpia进入比赛,结果胜利变成一场梦;可口可乐也错过了运动饮料品类(由佳得乐领军),所以它试图用Power Ade出击,结果成为虚弱的第二品牌;可口可乐又错过了能量饮料品类(红牛第一),所以它试图推出KMX

抗击，也没有成为领导品牌。在中国市场上，可口可乐的记录更是惨不忍睹，仅仅在茶饮料市场上，就先后做过5次尝试，无一例外，都没有成功。

究竟是什么原因使宝洁和可口可乐这样的大公司在推出新品牌上总会错失良机或者功亏一篑呢？我们认为主要有以下三个原因。

第一，错误的市场评估方式。大企业推出一个新品牌往往经过周密的论证和研究，其中一个关键的问题是：目标市场究竟有多大。在推出一个品牌之前，大企业往往喜欢问这个问题，这是董事会是否批准该项投资的重要依据。要命的是提出这种问题本身就存在大问题，因为依靠追逐现有市场鲜有打造品牌的机会，打造品牌的机会在于开创新市场。

几乎所有的强大品牌都是由开创一个新的市场而起步，之后不断推动这个市场的发展而壮大的。

可口可乐在推出之前，消费者并不清楚可乐究竟是何物，如果那个时候问究竟市场有多大这个问题，那么可口可乐这个长期占据全球品牌榜首位的品牌早已经被扼杀了，因为谁也无法预料今天可乐饮料的市场已经达到数百亿美元。换言之，今天的可口可乐公司还能够自己创建类似可口可乐这样有前景的品牌吗？我们认为希望极其渺茫。

目标市场有多大？零。大公司在这个数据面前毫不犹豫地选择放弃，而小公司则依靠创始人敏锐的商业直觉勇敢地选择了开创市场，这就是为什么有前景的新品牌大都是由创业型企业创建，而不是由大企业创建的首要原因。

第二，大规模广告推动新品牌的创建。如果没有足够的广告预算撑腰，大多数大公司不会推出新品牌。大企业通常相信资本的力量，相信更好的产品、更好的团队、更大的投入必然能够在竞争中胜出，大企业也没有耐心去等待一个新品类成长。因此，大企业每推出一个新品牌，动辄投入数以亿计的广告，狂轰滥炸一番，如短期市场反应不佳，就会匆忙收场。宝洁公司在中国市场推出激爽沐浴露，随之展开了大规模的广告宣传，前后共花费了超过10亿元的广告费用，然而激爽并没有实现宝洁的预期，最终宝洁决定放弃这个品牌。

推出新品类的规则与大企业的作风恰恰相反，创建品牌如同培育花草，浇水太多或施肥太多，花草就会死掉，这种做法也会扼杀品牌。这就是为什么很多成功的新品牌起步很慢，而且以公关传播为主，比如星巴克、佳得乐、Google、红牛等，这些还有其他很多新品牌的背后都有一位有胆识的创业家，他们有足够的耐心等待市场成形并发展。

以红牛为例，它用了4年时间才达到年销售额1千万美元，在红牛的早期发展岁月里，任何一家大企业看到它都会说："根本就没有市场嘛，我们可支付不起建立能量饮料品牌的巨额广告预算。"然而，等到市场发展起来的时候，大企业再来推出一个叫"我也是"的品牌已经太晚。

第三，错误的品牌名策略。在新品牌的品牌名使用上，大企业也有自己惯用的逻辑："既然已有的品牌已经建立起了知名度，为什么不充分地利用这种品牌资产呢？这样可以节约成本和费用。"这恰恰违背了推出新品牌的规则：不能以品牌延伸的名字建立新品类。放眼整个市场，统领新品类的都是为这个品类专门设计的新名字——是红牛而非AriZona Extreme Energy，是PowerBar而非佳得乐能量棒，是王老吉而非康师傅凉茶，是营养快线而非娃哈哈营养饮料，是鲜橙多而非统一果汁。

心智更喜欢新名字，那为什么大企业在品牌延伸的道路上继续无怨无悔呢？除了观念的惯性以外，还有蹩脚的调查——普通消费者被问到他更喜欢哪个品牌的时候，他们当然毫不犹豫地选择那个比较熟悉的名字。特级丰田好，还是雷克萨斯好？听到的答案通常是"特级丰田"，因为没有谁听说过雷克萨斯。超级奔驰好，还是迈巴赫（Maybach）好？富人们喜欢超级奔驰，还是一辆他们根本没有听说过的叫迈巴赫的汽车？从调查来看，人们倾向于超级奔驰。然而从结果看来,迈巴赫明显更好。

实际上,在最近10年里,乐百氏公司用乐百氏的名字推出过矿物质水、蒸馏水、茶饮料、果汁、牛奶等各种各样的产品,几乎没有一个成功。唯一成功的产品同时也是唯一一个不使用乐百氏的饮料品牌,叫作脉动。

大公司通常背负了一个个具有知名度的老品牌的包袱,已有品牌的知名度越高,分量越重,要放下这些品牌需要的勇气就越大。创业型的公司则没有这个包袱,在选择品牌名上,它会很容易推出一个新品牌,例如锦江酒店推出的经济型酒店叫作"锦江之星",而更好的名字是"如家"和"汉庭"。

总而言之,一旦成长为大公司,其必然的强大之中的弱点和弊端就开始显现,其规范的管理和作业流程代替了商业敏感与市场直觉,自然也就失去了创业家创建品牌的土壤和优势,中小公司和品牌也因此在资金、技术、人才并不占优势的情况下得以发展壮大,这也正是商业界新陈代谢、生生不息的内在规律。

CATEGORY STRATEGY

第 7 章

07

如何主导新品类

身为品类的代表和领导者，品牌必须具有从整个品类思考的远见，对品类的前景充满信心，承担起教育和推广品类的责任，只有这样，才能在品类发展中获得最大的回报。

成功地推出新品类，只是把新品类铺向了市场，企业要获得最大的回报，核心目标就是主导新品类，成为潜在顾客心智中品类的代表，同时推动品类发展，扩大品类市场。

确保在心智中领先

在市场上推出新品类仅仅是成为市场中的第一，要避免由先驱变成先烈，品牌要做的是尽可能让每一个人都知道你是品类的开创者和领先者，占据心智中第一的位置。

这是一个长期持续的策略，即使在品牌已经建立起市场领先地位的时刻，不断强调自己在该品类中的领导地位仍然重要。消费者是一个流动的群体，新的消费者会不断地进入，而他们通常并不清楚谁才是品类的开创者，谁是市场的第一，如果忽略了这一点，就会让后来的竞争者有机可乘。这是因为，在市场上，新进入的品牌通常更加活跃，看起来更像领导者。

这就是一些朴实的以致被人轻视的定位概念，如"连续几年销量第一""某某市场领导品牌""连续几年销量遥遥领先"等往往比"大创意"效果更加显著的原因。波司登羽绒服的广告口号是"连续12年销量遥遥领先"，箭牌口香糖进入中国市场时的宣传口号是"美国销量第一"。

"第一"是一个整体的概念，这正是消费者认知品牌的方式，然而很多企业只见树木不见森林，它们认为宣传的重点应该聚焦在产品的特点或者性能上。实际上，消费者的逻辑与企业的逻辑恰好相反：企业的逻辑是"产品好、功能突出才好卖"，消费者的逻辑是"好卖的产品才是好产品"。除非品牌是品类的代表，在消费者的心智中处于前列，否则，消费者通常不会关心某个不在自己心智中的品牌其产品究竟有何种独特的功能。

"第一"通常指品牌在品类中的地位，指销量领先，这是与品类中的其他竞争者相比最大的差异点。不是所有的"第一"概念都可以成为有效的定位，例如"增长速度第一""美誉度第一""知名度第一"等，这些"第一"并不具有实质意义。

"第一"何时有效

持续地强调"领导者"地位，并不代表任何时候都应该把"遥遥领先"和"领导者"定位作为品牌核心的传播主题。通常，在品类开创的初期，并不应该把宣传品类的"第一"作为重点，而应该推广和扩大品类，例如王老吉宣传的是品类的好处——"防上火"，而不是"凉茶第一"。

一般情况下，如果一个品类处于上升阶段，以销量的领先强化心智中的第一是一种有效的方法，但如果品类处于下滑的状态，这种策略则没有多少效果。

及时进化

市场竞争是一个长期的、动态的过程，一旦品类发展势头良好，新的竞争者必然会进入。因此，要确保品牌在品类中的地位，就需要跟上竞争步伐，及时进化。

首先是收集来自消费者和媒体的评价与意见。新品类不可能是完美的，它可能存在某些不成熟的地方或者某些明显的缺陷，企业可以通过了解首批消费者和媒体，对新品类进行完善。但企业需要注意区分哪些问题是品类本身的特点，哪些问题是可以克服的弱点。例如，消费者可能会反映沃尔沃的车身不如奔驰气派，这或许是事实，但沃尔沃强调的是"安全"，而不是气派。顾客永远是对的，但品牌并非要争取所有的顾客。

接下来是监视竞争。新品类进入消费者的心智认知需要时间，而时间站在领导品牌一边。领导品牌维护品牌的方式就是监视竞争对手,然后封杀其进步。在发展成熟的品类中,第二位品牌或第三位品牌要在自己和领导品牌之间找到一个清楚的物理区别几乎不可能。例如,在家用电器和电脑领域,即使落后品牌确实找到了某种区别,领导品牌也很可能快速地复制这个概念。这种战术叫作"封杀",它适合每一个领导品牌。封杀战术的本质,就是进化或者说逐渐改良。最终,市场发展的结果就是大多数品类由非常相似的产品构成,而领导品牌拥有主导性份额。

在品牌创建阶段,广告并非有力的手段,但在品牌维护阶段,广告就具有提高竞争门槛的战略价值。宝洁就是利用广告抬高竞争门槛的典范:宝洁是世界上最大的广告主之一,仅在中国,宝洁每年就有十几亿元的巨额广告费,这足以令竞争者望而止步。巨额的广告预算为宝洁旗下的品牌起到保驾护航的作用。

扩大品类

一旦品类代表的心智地位稳固,接下来的重点就应该是推广品类而非品牌。冷酸灵牙膏是一个值得关注的例子,它因开创"抗过敏"品类而成为一个地位稳固的牙膏品牌,但是冷酸灵的销售额始终在 2 亿元左右徘徊,而且还有下滑的趋势。冷酸灵的问题不是出在品牌上,而是出在品类上。冷酸灵面临的首要问题是拓展品类空间。"抗过敏"是一个专业用语,消费者不清楚什么症状属于牙齿过敏,而"冷热酸甜,想吃就吃"是一个笼统的概念,冷酸灵应该不断地教育顾客,什么是牙齿过敏的症状,什么时候应该使用冷酸灵。另一个问题是,模仿领先者的形象正在摧毁冷酸灵独特的品类特征。冷酸灵正在放弃传统的蓝白色,开始模仿高露洁和佳洁士的包装,甚至还跟进高露洁和佳洁士推出类似"冰爽"的新产品,这些举措逐渐把冷酸灵带向歧途。

身为品类的代表和领导者，品牌必须具有从整个品类思考的远见，对品类的前景充满信心，承担起教育和推广品类的责任，才能在品类发展中获得最大的回报。

作为全球和国内洗发水市场上的领导者，在21世纪初，宝洁就赞助中国健康教育协会推出一系列以"今天你洗头了没有"的宣传广告，教育顾客尤其是青年人养成每周洗头4～7次的良好卫生习惯。这就是典型的扩大品类的做法。康师傅方便面希望推动中国人每年消费的方便面包数从人均30包升至60包。这才是领导品牌的风范。

引入竞争对手

扩张品类策略的第二个要点是引入竞争对手。同行并非冤家，新品类如果没有竞争对手的加入来共同开拓市场、教育消费者，则很难形成气候。

旭日升首先开辟了冰茶的市场，众多模仿的冰茶产品则强化了其市场地位。旭日升也随之一路壮大，成为当时茶饮料中的第一品牌。后来，为了阻击竞争者，旭日升抛出了"冰茶"商标的拥有证明。结果，旭日升赢得官司的同时也失掉了自己品牌的立足根基。

张裕集团申请注册了"解百纳"商标，并最终获得了批准，于是张裕要求其他企业停止使用"解百纳"一名。长城、王朝等葡萄酒企业联名上诉，要求取消张裕的注册。2008年，国家工商局最终判定该商标为张裕独有，依据是从专业技术上来看"解百纳"并非通用名。长城、王朝等葡萄酒企业进一步向法院提起诉讼。

其时国内的媒体纷纷以"吃品牌大锅饭""保护民族品牌与知识产权"

为题,力挺张裕,而我们的看法则不相同:事实上对于张裕而言,这是一个糟糕的结果。判定一个名字是否属于通用名的问题,从专业技术角度分类实际上没有多少意义,重要的是从顾客心智角度来看,"解百纳"和"冰茶"一样是一个品类名而非品牌名。目前"解百纳"干红占据国内干红 10% 的市场,在独占这个商标之后张裕可以独占这 10% 的市场份额吗?我们认为毫无可能。在强制成为一个品牌名后,"解百纳"和"冰茶"的结局不会有太大的区别。

我们进一步指出,张裕的最佳做法应该是,借助这场官司大力地传播自己品类原创者的身份,确保自己在该品类上的领先地位,然后放弃该商标,鼓励更多的企业生产"解百纳",扩大品类影响力,做大这块蛋糕。

张裕显然也认同了我们的观点,改变了独家使用商标的做法。2011 年,经国家工商行政管理总局商标评审委员会调解,"解百纳之争"终于尘埃落定,张裕获得了"解百纳"商标所有权,而长城、王朝、威龙则可无限期、无偿使用该商标。

此次商标争夺战的最大赢家数张裕无疑,原因不在于张裕最终获得了"解百纳"商标,而在于借助商标争议,张裕很好地传播了自己原创者的身份以及悠久的历史。

发展定位

定位的作用是不断地为品类寻找最优的市场空间和最优的认知,从这个意义上讲,品类将一成不变直到消亡,但定位并非一成不变。定位在一定时期内会保持相对的稳定,但随着品类的发展,它需要不断升级,为品类寻找更大的市场空间。

可口可乐的发展历程正是其定位阶梯不断升级的过程。可口可乐最初是一种头痛药水，如果可口可乐一直坚持该定位，那么就不会有今天的庞大销售额。其后，可口可乐被重新定位为"醒脑提神的饮料"，这个定位使可口可乐在诸多饮料中脱颖而出，风行全美。时至今日，可口可乐作为醒脑提神的饮料在美国依然具有广泛的认知，很多青少年依然通过饮用可口可乐来醒脑。之后，可口可乐以"全球最时尚的饮料"的潜在定位成功进入包括中国在内的全球市场，成为全球销量最大的饮料品牌。

同样，当未来王老吉这样的中国品牌进入欧美市场的时候，也将面临定位的升级和调整，因为对于当地消费者来说，根本不理解何为上火。

分化品类

分化是商业发展的动力，也是品类发展的动力。分化创造了新品类，同时也推动新品类成长、壮大、走向成熟，进入新的分化，诞生出下一个新品类以及下一个代表品类的新品牌。任何一个品类都不可避免地会成为老品类并面临新品类的竞争，只是对于不同的品类，这个过程有快有慢。对于互联网等高科技品类，这个过程显得非常迅速，也许在10年甚至5年的时间里，新品类就已经开始诞生，但对于红酒、白酒等品类，这个过程极其缓慢。

分化不可避免，处于行业领导地位的企业更加高明的做法是，和自己竞争，主动推动分化。诺基亚原本是一个多元化的品牌，经营橡胶、家电等产品，通过果断聚焦手机，得以迅速地发展，超过具有上百年历史的西门子公司，成为欧洲第一大企业，并战胜了盲目延伸品牌的摩托罗拉，主导了手机品类。然而今天，在手机品类的分化面前，诺基亚面临巨大的挑战。智能手机品类的出现和壮大将撼动诺基亚的霸主地位，它的最佳选择是在智能手机发展的初期推出或者收购一个专门的智能手机品牌应对分化，但如今显然为时已晚。如果智能手机成为未来手机品类的主流，那么代表常规手机的诺基亚将丧失对手机品类的主导，新的手机霸主将在智能手机的领先品牌中产生。

中国国内羽绒服行业的领导企业"波司登"在建立起自己牢固的领导地位以后，接连推出了新的品牌"雪中飞"，开创了时尚羽绒服品类。今天"雪中飞"已是中国羽绒服市场上的第二大品牌。

既然凉茶品类的发展必然导致品类的分化，而凉茶品类尚未出现真正处于战略性对立面的凉茶品牌，那么对于王老吉来说，重要的战略或许是主动在凉茶品类推出第二品牌。当然，这种做法存在来自企业内部的组织障碍，这是因为新品类的市场最初来源于对老品类的市场争夺，但是同属一家企业的两个处于对立面的品牌，很难做到如可口可乐攻击百事可乐是"冒牌货"，百事可乐嘲笑可口可乐是"父母喝的可乐"那样针锋相对，这将使得新品类的发展受到限制和影响。

品牌将随品类消亡

随着社会环境的发展变迁，品类会产生自然起落，品牌的销售也将受到影响。浓香型白酒一度是白酒行业风靡的香型，浓香型的五粮液也趁势成为第一。酱香风格的茅台也应时推出多个浓香品牌，但都以失败告终。对于茅台而言，这种失败是一件好事，失败最终让茅台品牌没有向浓香领域大力发展，而是继续聚焦于酱香领域，今天酱香白酒又开始风行。与茅台的做法相反，老八大名酒之一的中国董酒舍弃了"董香"的特色，推出"浓香""酱香"董酒，结果销售下滑，最后落到破产的地步。试图迎合消费潮流而每天变化的品牌最终将被削弱和摧毁，更佳策略是做好准备，等待潮流再次到来。

品牌形象理论认为"产品可能死去，品牌将会永生"，这种神话不可能在现实中出现，从长期来看，很多品类都不可避免地走向衰亡，这是商业界不可阻挡的自然规律，只是有的品类衰亡的过程较为缓慢，有的则较为迅速。

没有任何一个品牌在自己所代表的品类死亡后还会健康存在。可乐品类的消失，必然意味着可口可乐品牌的消失；打字机品类消失了，"王安"这个强大的品牌也消失了；冰茶品类消失了，旭日升品牌也丧失了价值；随着数码相机的普及，柯达可能成为下一个消失的品牌。

拯救企业重于拯救品牌

当品类逐渐消亡的时候，大部分企业都选择了拯救已有的品牌，期望让品牌代表新的品类。例如，打字机品类消失之后，王安公司推出了王安牌电脑，但是销售惨淡，黯然退市。传统相机品类衰退之后，柯达作为数码相机的发明者，没有大胆启用第二品牌，进行独立推广，而是延伸柯达品牌，推出了柯达数码相机，试图继续挽救柯达这个品牌，结果陷入困境，传统相机和数码相机全线崩溃。

品牌越是强大，在心智中运动就越困难。这是品牌发展的悖论。如果是一个弱势品牌，通常可以轻易把品牌转移到其他品类，但又不值得如此做，因为品牌本身价值有限。

皮之不存，毛将焉附？面临拯救企业，还是拯救品牌这个选择时，最佳选择是拯救企业，放弃对老品牌的挽救，把握创建新品类的机会，推出新品牌。所以，当果冻这个品类开始衰退的时候，喜之郎明智地推出了美好时光海苔、优乐美奶茶等新品牌，而没有盲目去延伸利用"喜之郎"这个大品牌。

CATEGORY STRATEGY

第 8 章
08

培育企业大树

不同的品类，"主导"的标志并不相同，但总体的原则是品牌在品类中具有支配性地位，占据稳固的、领先的市场份额，同时在消费者心智中也被公认为第一，它与第二品牌的差距明显。

随着品类的发展，品牌和企业也逐渐壮大，企业面临越来越多的诱惑和越来越大的增长压力，开始涉足新的品类和业务。实际上，很多原本具有前景的企业和品牌都是在这个阶段选择了错误的品牌发展战略，由盛转衰，丧失了成为"大树"的机会。

伞型品牌发展战略

伞型品牌发展战略是当今企业界最为普遍，同时也是最为虚弱的品牌发展战略模式。企业家普遍喜欢用大伞来比喻自己的品牌发展战略，因为这可以将各种品类的产品涵盖在一把大伞之下。

伞型品牌发展战略流行于日韩，逐渐成为东亚企业普遍采用的品牌发展战略思路，中国的大型企业也不例外。这种战略在日韩流行有其深刻背景，主要原因有以下两点：首先，日韩政府鼓励企业多元发展，重点扶持大型企业，例如在政府的扶持下，三星集团销售收入最高曾占韩国 GDP 的 20%，这在任何国家都不可想象；其次，日韩企业起源于小市场，日韩国内市场都较为有限，这就如同在一个小镇上开店就应该开杂货店，从汽水到轮胎，都应该经营，而在一个大都市开店就应该开专卖店，这是同样的道理。

然而，无论从面积还是市场规模来看，中国市场都十分巨大，一个看似很"小"的品类，都可以造就数十亿、上百亿的品牌和企业。这种品牌思路之所以得到了国内企业界的普遍青睐，是因为它满足了企业管理层充分挖掘已有品牌资源，产生最优效益的设想，尽管这种设想的前提并不存在。中国市场的海尔、长虹、春兰、TCL、康佳等企业都是该思路的实践者，也是受害者。当长虹聚焦于彩电的时候，1994 年长虹利润一度达到了 24 亿元，但是，当伞下放进了空调、电池、手机等产品之后，2005 年居然爆出 26 亿元的巨额亏损，至今萎靡不振。

就全球而言，除了进入垄断领域的企业，实施伞型品牌发展战略的企业利润率都普遍低下。以日本企业为例，松下、日立、索尼、富士通等利润率极低，索尼长期在1%~2%徘徊，日立和富士通虽然销售额巨大，但最近10年的总利润居然为负数。

灌木型品牌发展战略

与伞型品牌发展战略思路相对应的另一种极端方式，是企业在既有品牌并未主导所代表品类的情况下，同时推出多个品牌，我们把这种战略思路叫作"灌木型品牌发展战略"。

采用灌木型品牌发展战略的企业大多难以长大，国内企业中典型的例子就是养生堂。养生堂在国内企业中品类创新能力一流，但在企业整体的品类战略上，尤其是企业的品牌发展模式选择方面，存在严重问题。养生堂先后推出"朵尔""养生堂龟鳖丸""农夫山泉""农夫C打""母亲牛肉""农夫果园""清嘴""成长快乐""水溶C100"等十几个品牌，开创了"混合果汁""天然水"等多个品类，但是几乎没有一个品牌实现"主导品类"。对于养生堂来说，更好的选择是将兵力集中于几个最具前景的品牌上，如"农夫山泉"，然后使之成为瓶装水市场的绝对领导者，再考虑推出新的品类和品牌。

以灌木型品牌发展战略为思路的企业大多都是小企业，因为小企业的品牌知名度不高，不会像大企业那样坚持使用原来的品牌，但是又经不住其他品类机会的诱惑，于是推出越来越多的新品牌。但也不尽然，曾经是全球最大的汽车企业——通用汽车就是一株虚弱的灌木。通用汽车旗下拥有凯迪拉克、别克、雪佛兰、土星、庞蒂亚克、奥兹莫比尔、欧宝、SAAB、GMC等9个品牌，但没有一个在所处的品类中处于主导地位，这正是通用汽车走向破产的根本原因，同样也是其他两大美国汽车公司濒临破产的根本原因。福特汽车最终避免了破产是因为福特仍是美国皮卡市场上的主导品牌，并在危机到来之前启动了聚焦福特的"一个福特"的战略（福特也因此出售了沃尔沃等品牌）。

重组之后的通用汽车对这株缺乏主干的灌木进行了大规模的修剪，保留了凯迪拉克、别克、雪佛兰和 GMC 等 4 个品牌。根据通用汽车公布的重建后的首个全年财报，2010 年，通用汽车共实现净利润 47 亿美元，而在 2008 年，通用汽车全年亏损 308.6 亿美元。

大树型品牌发展战略

第三种模式叫作大树型品牌发展战略。其核心思想是：企业通过创新品类长期聚焦发展一个品牌，并逐渐主导该品类，然后根据分化趋势，适时推出第二品牌进入新的品类。这样逐步推进，最终实现多品牌布局。这如同一棵大树的成长过程，首先是一粒种子在森林中的一块空地上生根发芽，当这棵树还幼小的时候，并不急于去扩展自己的枝叶（产品和业务），甚至还需要修剪生长过于旺盛的枝叶（产品和业务），直到树干（主业）长高长粗（即我们强调的主导所在品类），然后开始分化发展自己的分枝（主动推动新品类的分化），这样的树最终才能成长为参天大树，这样的企业和品牌才能成长为强大的企业和品牌。大树型品牌发展战略应该把握以下五个要点。

形成主干

开创新品类的企业通常都是中小企业，它们本身资源有限，发展的初期必须保持高度的聚焦战略，直到主导品类，形成企业大树的主干。

1886年，可口可乐正式在市场上销售。可口可乐公司聚焦于可乐品类，在可口可乐品牌上发展了数十年，完全主导了可乐品类，市场份额最高曾超过70%，然后才推出第二品牌芬达；同样，宝洁是在第一个品牌"象牙"已经完全主导了肥皂品类之后才推出第二品牌；丰田是在已经主导了全球中级车品类后才推出了第二品牌。

对于一棵树而言，强壮的主干可以为各个分枝输送充足的养分，同时也更容易抵御风雨。企业的第一个品牌是推出第二品牌的基础，当第一个品牌处于主导地位的时候，通常它具有了较为稳固的地位，使得管理层可以把注意力投向新的品牌，同时也意味着它能为企业带来较高的、稳定的利润，为培育第二品牌提供资金支持。主导品牌带来的光环效应也将为第二品牌的成功带来帮助。

不同的品类，"主导"的标志并不相同，但总体的原则是品牌在品类中具有支配性地位，占据稳固的、领先的市场份额，同时在消费者心智中也被公认为第一，与第二品牌的差距明显。

格兰仕生产的微波炉曾经占据70%左右的国内市场，最高时占据超过40%的全球市场份额，但格兰仕远未实现品类主导。因为格兰仕选择的是经营产品，而非品牌。格兰仕通过全球生产线整合成为世界上最大的微波炉生产商，为众多知名品牌代工；在格兰仕生产的产品中，真正使用格兰仕品牌的产品在当时只有30%左右。格兰仕不仅远未遇到天花板，而且真正的品牌经营尚待起步。

作为中国家电企业中实施品类聚焦的典型品牌，多年前朱江洪曾经宣布，在格力空调市场份额达到40%之前，格力不会涉足其他品类。2012年，格力空调在国内市场的占有率达到了40%。

时间和耐心是一个重要的问题，主导一个品类形成主干需要一个漫长的过程，很多企业常常走到一半就开始迫不及待地推出第二品牌，其结果也往往是半途而废。

开创新品类

推出一个新品牌的前提是开创一个新的品类,也就是说,除非开创新品类,否则不应该推出新品牌,这一原则同样适用于推出第二品牌。

芬达是可口可乐公司推出的第二个软饮料品牌,它开创了橙味汽水品类。雷克萨斯是丰田公司推出的第二品牌,它开创了日系豪华车品类,在此之前,本田已经推出中高档汽车品牌讴歌,但讴歌处于中档和高档之间的泥泞地带,雷克萨斯成为第一款真正意义上的日系豪华车。iPod是苹果公司第二个成功的品牌,它开创了海量音乐播放器品类。

很多时候,企业推出第二品牌只是出于企业自己内部"规划"的需要,完全不从竞争的角度考虑,这样的第二品牌几乎没有成功的机会。这一点在中国汽车企业中表现得最为明显,奇瑞推出了开瑞、瑞麒和威麟,吉利推出了全球鹰、帝豪和英伦,长城推出了腾翼等。这些新品牌开创了什么品类?没有,不过是跟进的同质产品。

皇明太阳能为了占据低端市场,推出了第二品牌"亿家能",这个品牌没有开创任何新品类,依靠吸取"皇明"品牌的养分虚弱地生存。

逐一推出

多品牌布局的形成是一个长期的过程,品牌应该逐一推出。除了有利于企业在一定时间集中兵力培育和推广一个品牌外,逐一推出品牌的重要原因是企业可以不断把握行业发展中出现的开创品类的机会,使企业获得持续的发展动力。

1936年,丰田汽车诞生,在其创牌53年后才推出第二个子品牌——高端豪华品牌雷克萨斯,随后又经过13年,才针对北美市场推出第三个子品牌——针对年轻人的Scion。中国企业的多品牌战略，则多出于企业盲目的扩张欲望，如奇瑞同时推出了开瑞、瑞麒和威麟3个品牌，吉利同时推出了全球鹰、帝豪和英伦3个品牌。

问题是年销量800多万辆的通用汽车尚无力同时经营好9个品牌，年销量仅50万辆的奇瑞汽车又如何能够经营好4个品牌？更何况年销量仅为30万辆的吉利。

避免"家族化"

企业界一个普遍的误区是，认为保持家族特征可以达到壮大品牌家族的效果，旗下的各个品牌应该保持统一性和系列性，让消费者一眼就认出这几个品牌同属于某个企业，从而互相支持，"协同发展"。

实际情况并非如此。蓝带啤酒发展了一系列家族品牌，包括蓝狮、蓝妹等，但没有一个取得成功。五粮液的品牌家族曾经人丁兴旺，先后有五粮春、五粮醇、五粮神等家族品牌，这些品牌带给五粮液的只有心智资源的透支，好在五粮液集团已经开始清理这些"家族寄生虫"。

正确的做法恰恰相反，多品牌之间应该互相保持差异性和独立性，甚至确保相互竞争。

时代华纳公司是世界上最大的杂志出版商，有7个独立的杂志，分别是《时代》《财富》《生活》《体育画报》《货币》《人物》《娱乐周刊》。它并没有建立一个时代报系，叫作《时代财富》《时代生活》《时代体育画报》《时代人物画报》，而是采用了独立性的品牌，并确保了各自之间不相互影响。

保持视觉识别的独立性。雷克萨斯没有使用丰田的LOGO，奥迪也没有使用大众的LOGO，因为它们分属不同的市场、不同的品类，需要有独立的外部识别。反面的例子是，大众在辉腾等中高端品牌上继续使用大众的LOGO，导致这些品牌受到了极大的负面影响。不仅LOGO，在各个方面如色彩、包装等，不同的品牌也应该保持独立性，如可口可乐公司旗下的产品可口可乐、雪碧、芬达、美汁源、天与地等。

"分立并征服"

达尔文指出，在自然界中，一棵大树的各个分枝之间存在对阳光、水等养分的竞争，这种竞争并不会削弱大树，反而会使树木更加茂盛、健康。同理，如果同一家公司的品牌之间存在充分的竞争关系，将可以带来两个好处：一是促进品牌的创新和进化，使其更加具有竞争力；二是使企业获得最大的市场份额。

同一家企业旗下的品牌要真正做到充分的竞争并不容易，宝洁是世界上最先看到这一思想重要性并将其付诸实践的企业。早在20世纪20年代末期，随着同一品类中多品牌的出现，宝洁基于相互竞争关系的品牌管理系统开始萌芽。到1931年，公司创立了专门的市场营销机构，由一组专门人员负责某一品牌的管理，鼓励品牌之间互相竞争。这一系统使每一品牌都具有独立的市场营销策略，宝洁的品牌经理制也正式诞生。如果没有独立的管理架构和相互竞争的关系，企业很难长期健康地管理同一大品类中的众多品牌。

相互完全独立和相互竞争的品牌经理制度也存在弊病，这可能导致品牌经理因短期的业绩压力而牺牲品牌的独特定位，破坏品类战略。大飘柔战略（飘柔进入沐浴露、护发素等品类），以及海飞丝开始推出"营养头发""使头发柔顺"的产品等现象就是证明。因此，品类战略要健康地执行和贯彻，离不开企业最高决策层的参与和决策。

通用汽车历史上最伟大的CEO斯隆早在20世纪20年代就提出了"集中政策控制下的分散经营"的组织机构模式，把通用汽车公司按品牌划分为21个事业部，分属4个副总经理领导。这种模式将战略制定和战略的落实相分离：前者权限归总部决策委员会，后者在很大程度上由各经营单元自由运作。两者的交集则由"运营指导委员会"来协调，其成员由经营单元的经理和决策委员会的成员共同组成。这种做法有力地协调了当时通用汽车各个品牌之间的清晰区隔，成就了通用汽车全球最大企业的地位。这种做法至今对多品牌企业的管理仍有借鉴意义。遗憾的是斯隆离任之后，这种制度未能坚持，通用汽车旗下的品牌盲目延伸产品线，内耗严重，逐渐走向衰落。

全球企业界的大树

典范的大树型企业，通常都是行业的领导者，具有强大的竞争力和抵抗风险的能力。全球最引人注目的四棵大树分别是可口可乐、宝洁、丰田以及苹果。

可口可乐的大树

1886年，可口可乐正式在市场上销售，初期可口可乐公司聚焦于可乐品类，在可口可乐品牌上发展了数十年，完全主导了可乐品类，市场份额最高曾超过70%。

50多年以后，直到20世纪50年代，可口可乐公司才正式推出了第二个品牌"芬达"。芬达于1940年在德国诞生，20世纪50年代开始正式在美国试销，1960年走向全球。

又过了10多年，直到1961年，可口可乐才推出了第三个品牌"雪碧"。

这种战略让可口可乐一度在全球5大饮料品类中主导4个分支，分别是可口可乐（可乐）、雪碧（柠檬汽水）、芬达（橙子汽水）以及健怡可乐（低热量可乐）。而可口可乐公司在全球软饮料市场上的份额也超过50%。可口可乐公司在全球近200个国家拥有400个非酒精饮料的品牌。

今天在美国市场上,可乐的人均消耗量每年下滑2%,但可口可乐公司并不为此担忧,因为它还拥有14个其他品牌,每个品牌年销售额都超过10亿美元。

宝洁的大树

1879年之前,宝洁公司虽然已经诞生了40多年,公司也已初具规模,但并没有多少影响力。直到1879年,宝洁开发出一种高纯度、颜色洁白、"可以飘在水上"的肥皂,取名为"象牙皂"。宝洁开始聚焦于"象牙皂",并为这款肥皂花费大量的时间和金钱进行推广,包括电视普及后首先在针对家庭主妇的电视剧中大量插播广告("肥皂剧"因此而得名)。象牙皂成为宝洁公司最重要的产品,占据了肥皂市场的主导地位,并在其后的100多年里,一直保持稳固的市场领先地位。

40多年以后,1926年,宝洁才继象牙皂后推出Camay香皂。同时拥有两个存在直接竞争的品牌,这是宝洁品牌管理系统的雏形。

1946年,宝洁推出了全美第一个洗衣粉品牌"汰渍"。值得注意的是,虽然当时行业普遍认为,洗衣粉将是肥皂的替代品类,宝洁应该在洗衣粉上使用"象牙"品牌,但宝洁公司最终决定在不同品类上使用不同品牌。汰渍至今仍是洗衣粉品类的领先品牌。

今天,宝洁公司仅仅在日化领域就拥有8个洗衣剂品牌、6个香皂品牌、3个牙膏品牌、5个洗发水品牌,并且分别占据着不同的分支,主导着所在品类。

丰田的大树

1936年,丰田汽车诞生。丰田品牌一直聚焦于中级车市场,经过60多年的发展，丰田赢得了具有较高"可靠性"的口碑和认知，成为全球领先的中级车品牌。

1983年，丰田在美国推出高端豪华品牌雷克萨斯，开创日系豪华车新品类，10年之后，雷克萨斯在美国的销量首次超过奔驰、宝马，成为全美豪华车销量最大的品牌，并将领先地位一直保持至今。

1997年，丰田开创混合动力汽车新品类，推出普锐斯（Prius），尽管丰田公司将之作为丰田品牌之下的一款产品，没有使用独立的LOGO，但实际上在北美和欧洲消费者的认知中，普锐斯是一个独立的品牌。2010年，丰田宣布普锐斯的全球累计销量突破了200万辆。

2002年，丰田汽车为了迎合北美年轻人的需求，特意在北美重新组建一支团队，专门生产时尚年轻人喜爱的车型，随后丰田公司为这支团队取名为Scion。随着时间的推移，Scion也逐渐演变成丰田旗下新的品牌。

今天，丰田公司拥有丰田、雷克萨斯、赛恩（Scion）、大发（Daihatsu）、日野（Hino）等品牌，并控股斯巴鲁（Subaru），自2008年以来连续3年蝉联全球最大汽车公司。

苹果的大树

苹果公司于1976年创立，最初推出的是苹果牌个人电脑，由于缺乏品类的创新，一直在市场上默默无闻。直到1984年，苹果公司推出革命性的麦金塔（Macintosh）电脑，开创了图形界面电脑品类，获得了巨大的成功。

2001年的iPod，开创了海量存储音乐播放器品类，容量高达10～160GB，可存放2500～10 000首MP3歌曲；5年之后，iPod全球销量突破1亿部，成为21世纪最成功的新产品。

2003年的iTunes音乐商店，开创了合法音乐下载网站，歌曲销量已达到100亿首，在不足7年的时间内成为美国第一大音乐卖家。

2007年的iPhone，开创并主导了触摸屏智能手机品类，2010年销量已经接近4000万部。

2010年的iPad，开创并主导了平板电脑品类，2010年全年销量已达1500万部，占据平板电脑市场超过90%的份额。

2002年，苹果的销售额是62亿美元，净利润为6800万美元，利润率为1.1%。2010年，苹果的销售额为652亿美元，净利润为140亿美元，利润率达到21.5%。在短短8年的时间里，苹果的销售额增加了10倍多，净利润增加超过200倍，公司成为全球最有价值的高科技公司，在市值上超过微软和IBM。

2012财年，iPhone销量达到1.25亿部，销售额实现804.77亿美元，相较2011年增长71%；iPad销量达到5831万部，销售额实现324.24亿美元，比上年增长59%。

2012财年，苹果的总销售额为1565.08亿美元，净利润为417.33亿美元，比2011年增长45%。2012年苹果的销售额在2008年的高位上依然增长将近4倍，净利润更是增加将近6倍，持续成为全球最赚钱的公司。

企业大树基业长青

尽管"伞型品牌发展战略"一度广受中国乃至东亚企业的推崇，但越来越多的企业发现，只有"培育大树"，才能基业长青，大树型发展战略才是正道。在日本，企业界已经对这种发展战略展开思考，最具体的表现就是日本人引以为骄傲的企业索尼首次聘请了一个英国人斯丁格做CEO，而日本表现最好的汽车企业——丰田恰恰是采用大树型发展战略的企业。

放眼中国企业界，尚无一个真正称得上建立了"大树"的企业，这固然与中国市场经济发展时间较短有关，但从企业的发展态势来看，多为旁枝纷出的"灌木"，不具备长成大树的潜质。从这个意义上讲，现阶段的中国企业普遍弱在主干，重点需要聚焦。

海尔曾经是中国品牌的标杆，但今天海尔已经成为一棵虚弱的"灌木"，尽管如此，海尔仍有希望重塑主干，毕竟海尔在冰箱品类具有主导全球市场的基础。真正的挑战在于海尔的高层如何自我否定，重新出发。

联想曾经有机会成为"大树"企业，但收购IBM的PC业务使其过早地面临分叉，究竟是"联想"还是"Thinkpad"应该成为主干，很自然，联想选择的是"联想"。我们认为，真正具有主干潜质的是"Thinkpad"，也正为因此，我们多次建议联想聚焦于"Thinkpad"。今天联想依然在两个品牌之间摇摆，处于骑墙状态。

格力是目前最有希望建立"大树"的企业，作为中国家电行业唯一聚焦的企业，聚焦使格力长期处于空调品类领先地位，并连续多年成为家电行业盈利最高的企业。格力需要的是继续保持聚焦，拉开与国内对手的距离，拓展海外市场，确立在全球的品类主导地位。

王老吉同样有机会建立"大树"企业，作为中国凉茶品类的领导者，王老吉的重点应是将凉茶推向全球市场，而非推出第二品牌"昆仑山"。由于历史遗留的原因，"王老吉"品牌的所有权分属不同企业，这为品牌战略的统一造成了障碍，也为品牌的未来蒙上了阴影。当越来越多的品类被允许使用"王老吉"这个品牌的时候，很少有人意识到，这种做法是在扼杀一个原本极具前景的中国品牌，造成的是无形资产的损失，我们认为政府有责任和义务让王老吉品牌回到有能力将其发扬光大的企业经营局面。

中国最有希望建立"大树"的乘用车企业并非销量最大的奇瑞，也并非收购了沃尔沃的吉利，而是长城。在目前涉足的皮卡、SUV、轿车三个品类中，长城旗下的风骏、哈弗分别在皮卡、SUV品类中处于领先地位。长城的主干是SUV，而非皮卡或者轿车，只有进一步聚焦，建立全球领先的SUV品牌，长城才有机会成为中国企业中的"大树"。

娃哈哈一度被看作国内成功造就品牌大伞的经典案例，娃哈哈品牌下涵盖了果奶、纯净水、八宝粥、童装等若干不同品类的产品。伞型发展时期的娃哈哈实际上非常虚弱，旗下上百种产品，几乎没有一个发展成为支柱，老产品的竞争力则因延伸而稀释。在资金和竞争的压力下，娃哈哈被迫选择了和法国巨头达能合资。直到后来，营养快线以一个独立品牌的身份成为了娃哈哈事实上的大树主干。当然，今天，这个主干在日益关注健康的趋势下，正逐渐凋萎。

100多年前，达尔文用一棵大树来描述自然界中物种不断分化、不断渐变的演化过程，并称之为"生命的大树"。毫无疑问，这种伟大的演进过程在商业界也不断地发生着。

企业经由品类创新建立发展出一个主导性的品牌，它成为大树的主干，经过进一步的分化，新的品牌从原先的主干上生长出来，并逐渐长粗长壮，成为主要的分支。在这些分支上又进一步分化出新的品牌……这些品牌之间相互独立，甚至相互竞争。最终的结果是，成就了枝叶茂盛的品牌大树。在这个过程中，有些分支品牌或许会死亡，但企业永生，这才是基业长青的正道。

CATEGORY STRATEGY

第 9 章

09

品类战略实践

在品类的不同成长阶段，面对不同的竞争态势，企业需要不断地对品牌定位进行调整，但是目的始终如一：成为品类的代表，主导所在品类。

自品类战略的思想在国内传播以来，受到了企业界的普遍关注和共鸣，也引发了企业进行品类战略实践的热情。在此，我们总结了部分品类战略实践实例，以期帮助企业更好地理解和掌握这一战略思想。

美国西南航空开创低价客运航空新品类

1971年美国西南航空首航之时，美国航空业在美国联邦航空局的默许下，集体采取高票价政策。在这种定价方式下，成本费用的增加都可以转移到顾客身上，航空公司在成本方面几乎没有压力可言。同时所有的航空公司都一心想讨好全部乘客（我们因此将其称为"全叉型"航空公司），业务拓展得非常厉害，比如说客机和货机并不是一项业务，但是谁都不愿意放弃，两者都做。我们的目的地是旅游城市还是商务城市？两个都做；高价的商务舱，还是低价的经济舱呢？两个都做。于是，所有大的航空公司既有国内航线又有国际航线，既有经济舱又有商务舱，既拉客人又拉货物。

面临100多家航空公司的竞争，西南航空怎样才能取胜？答案是开创低价航空新品类！西南航空决定致力于满足短程旅客的需要，向旅客提供低价直达航班的优质服务，而且只专注发展航空客运业务，而不是将资源过多分散到货邮运输、旅游和酒店等其他附属业务上面。

从20世纪70年代初战略确定以来，西南航空始终坚持向短程旅客提供低价、高密度直达航班服务的经营重心，从未有过偏移。围绕着这个战略核心，西南航空采取了一系列措施：

（1）西南航空的航线布局特点是航班密集度高（frequent flights）、快速往返、点对点运送旅客，有别于其他航空公司的枢纽型航线布局。

（2）在机场选择上，西南航空谨慎而灵活。只要条件允许，西南航空往往避开那些空中交通容易堵塞、空中流量控制较大的枢纽型机场，选择大城市原有的小机场或者卫星城机场。这样可以避免与竞争对手在同一机场起降，将航班延误降到最低，提高航班正点率，节约旅客的旅行时间，同时也增加了飞机的飞行时间。

（3）与竞争对手相比，西南航空的飞机所飞抵的城市数量不多，但在其所飞的航线上，西南航空比其他公司有更多的航班。

（4）在飞机选择上，西南航空只选择单一的波音737机型。目前，西南航空拥有世界上最大的也是最年轻的波音737机队，为此所制定的飞机维修维护项目也是最为完整、细致的。单一机型的机队结构为西南航空带来了很大的成本优势。

（5）西南航空的绝大部分航线维护由自己完成，地面支持服务方面，大部分也由自己完成。

（6）在配餐方面，西南航空只向旅客免费提供咖啡、软饮料、果汁等饮料以及花生、饼干等轻便的袋装食品。在任何航班上，西南航空都不向旅客提供餐食，也不出售类似餐食。旅客如需鸡尾酒、啤酒和红酒等商品，则需付费购买。

（7）西南航空主要通过自身销售渠道尤其是网上销售渠道售票，以电子机票为主的机票销售结构极大地降低了销售成本，而且西南航空只销售自己航班的机票。在航班制定，机票销售和旅客、行李运输等方面，西南航空从不与其他任何航空公司合作进行资源共享。这使西南航空能够专注于自身的经营，不需要为其他公司的航班延误、航班取消和行李托运的错误操作等问题负责和支付费用，从而提高了自身的经营效率。

从1971年成立时只有3架飞机，在3个城市间飞行，到2010年西南航空已经成为世界第三大航空公司，大约拥有550架波音737飞机，收入达到121亿美元，运营收益为9.88亿美元。西南航空创造了世界民航史上的一个奇迹：从1973年开始每年都盈利！

西南航空开创的低价航空公司品类吸引了全世界航空公司的跟进和模仿。在中国航空行业中，作为第一家民营航空公司，春秋航空同样采取了低价航空的模式。自 2005 年飞出第一班航班开始，春秋航空就保持着年度的持续盈利。

乔巴尼开创希腊酸奶新品类成为全美第一

2005 年，土耳其人哈姆迪·乌鲁卡亚（Hamd Ulukaya）在美国创建了希腊酸奶品牌乔巴尼。2007 年，乔巴尼推出了纯天然的、不含防腐剂的希腊酸奶。当时，希腊酸奶在酸奶整体市场中的份额不到 1%。5 年后，乔巴尼达到了其巅峰时期，销售额达到了 10 亿美元，占据美国酸奶市场 36% 的份额，一度打败达能成为美国酸奶市场上的第一品牌，推动希腊酸奶的整体市场份额达到 31%。

在很多媒体的分析性文章中，乔巴尼的成功首要地被归功于自媒体营销：它在 Facebook、Twitter、Pinterest 和 Instagram 上拥有大量粉丝，开展了大量的口碑传播，用自媒体营销占领市场。这些分析忽视的关键问题是，自媒体营销仅仅是形式，如果没有具备传播价值的营销内容，营销形式就无法成行。乔巴尼成功的秘诀，并不在于它拥抱了自媒体，而在于它抓住了美国酸奶市场当下极富价值的心智资源，开创了希腊酸奶新品类，从而创造出自媒体上的流量。

乔巴尼诞生的背景是美国人越来越关注饮食健康，而市面上的酸奶太甜、太稀且含有防腐剂，不能满足消费者的需求。酸奶自 20 世纪 60 年代就在美国市场上出现，但直到 1993 年达能在酸奶中增加糖和水果才让酸奶普及开来，因为美国人热爱甜食。可是到了 21 世纪初，肥胖和疾病的高发让消费者逐渐转向健康饮食。消费者普遍关注食品的成分，想要更天然的食品、更多的蛋白质，而不想要过多的热量。酸奶由于含糖量高而蛋白质含量低且含有防腐剂就逐渐受到冷落，很多消费者都食用更天然、更健康的谷物早餐。当时大多数乳品企业的酸奶都出现了严重的滞销现象。

在这样的背景下，乔巴尼则通过引进希腊酸奶和技术革新，创造出了普通酸奶的对立面。它开发了生产希腊酸奶的专业设备，改进了希腊酸奶的制造工艺，并使用天然原料，例如用蒸发甘蔗汁的办法来加甜酸奶，而非使用高果糖玉米糖浆。乔巴尼酸奶不仅具备希腊酸奶的一般属性，蛋白质含量比普通酸奶高一倍，零脂肪，碳水化合物只是普通酸奶的一半，而且使用了纯天然的原料和配料。如此一来，乔巴尼酸奶的成本接近普通酸奶的两倍——一杯6盎司的乔巴尼酸奶成本价大约为1.35美元，而等重的标准美国酸奶则只需约80美分，但同时，乔巴尼也为美国消费者带来了既甜又稀，还不健康的普通酸奶的对立面——高蛋白、零脂肪、纯天然的希腊酸奶，满足了美国人对健康酸奶的追求。

值得重视的是，乔巴尼的创新并不止于此，因为在乔巴尼推出之前，美国市场上也已经出现了希腊酸奶，只不过消费者的认知中并不存在一种健康的酸奶；恰恰是乔巴尼在推出希腊酸奶的同时，把希腊酸奶定义成一种健康的酸奶，并把这种认知导入美国消费者的心智，才真正建立起希腊酸奶品类。

在推出希腊酸奶时，乔巴尼使用了全新的品牌，意味着给消费者一种前所未有的酸奶，而在它之前的希腊酸奶都只不过是既有品牌的延伸产品，难以使消费者认识到它跟以前的酸奶有什么不同。在社交媒体的传播上，乔巴尼深入人心的传播画面是将酸奶和纯天然的食品（果蔬、杂粮、面包等）摆放在一起，传递乔巴尼希腊酸奶作为健康酸奶的属性。此外，乔巴尼在渠道上也没有选取分销渠道有限的专营店，而是坚持在主流的食品商店售卖，这意味着，它并没有将自身作为小众的异域酸奶，而是作为市面上普通酸奶的直接竞争者，传递作为消费者的日常酸奶的观念。

乔巴尼的品类创新，使得这个品牌和创始人成为了媒体争相关注的对象，并积累了大量的粉丝，从而进一步推动了品牌的成功。最终，一举打破了垄断美国酸奶市场多年的强大竞争对手达能，成为美国酸奶市场上的绝对领导者。

长城汽车实施品类战略成就全球 SUV 领先品牌

2016 年，长城汽车再次成为中国乃至全球汽车市场上的焦点，旗下哈弗品牌增长 41%，年销量接近 94 万辆，超越吉利、长安成为中国汽车第一品牌。哈弗 H6 更是跻身全球 SUV 单一车型销量前四。凭借哈弗的良好表现，长城汽车实现了年营收接近千亿元，年净利润超过百亿元。事实上，自 2011 年起，长城汽车就一直是中国最赚钱的自主车企。2013 年更是一度超越法拉利成全球净利润率最高的车企。在资本市场上，可口可乐股价上涨 70 倍用了 40 年时间，苹果股价上涨 20 倍用了 20 年时间，而长城汽车 H 股股价上涨 70 倍仅用了 5 年时间。作为一家以皮卡起家、缺乏外资品牌大树支撑的民营车企，长城汽车是如何实现完美逆袭的呢？

战略背景

成立于 1984 年的长城汽车，凭借其早期在皮卡领域的优势，于 2002 年进入 SUV 市场，并于 2003 年年底在香港主板挂牌上市，成为国内民营汽车整车企业首家上市公司。上市后数年间，虽然中国汽车市场呈井喷式增长，但长城汽车并未显露出"黑马"潜质，在资本市场上的知名度远不如被巴菲特看重的比亚迪。

2008 年，全球汽车产业遭受到金融危机的冲击，中国汽车产业亦未能幸免,延续多年的快速增长势头开始放缓。当年,长城汽车总销量达到12.5万辆,全球销量排名第37位,仅高于力帆。此外,哈弗在SUV品类中的市场地位持续下滑,而且和领先对手的差距正在逐步拉大。2007年,上市的轿车车型精灵月销量仅有200辆,与企业寄希望通过轿车跻身主流车企的愿望相去甚远。在低于市场预期的中期业绩报告打击之下,长城汽车H股股价一路下滑,至2008年10月28日,跌至近年来最低价1.1港元,总市值仅为12亿港元。

与之相比,2008年,比亚迪汽车销售额86.46亿元,同比增长77%。全年整车销量约17万辆,仅F3一款车的销量,即达14万辆,同比增长60%。吉利汽车总销量达20.4万辆,同比增长12%,归属上市公司股东的净利润达到8.79亿元人民币,同比增长191%。

战略演进

1. 确立聚焦SUV战略

2008年年底,长城汽车开始与里斯中国建立战略咨询合作。经过初步诊断,我们发现长城汽车品牌呈现典型的灌木式发展:2008年,体量在自主车企里倒数第二的长城汽车却同时经营皮卡、轿车、SUV、MPV四大品类和迪尔、赛铃、赛酷、风骏、哈弗、精灵、炫丽、酷熊、嘉誉九个产品品牌。除了迪尔在国内皮卡市场上处于领先地位,其余都没有处于主导地位。因此,战略重整的第一步是厘清主干品类,实施品类聚焦。

从消费者认知上看,在全国8个城市进行的消费者定量调研当中,对于长城汽车的第一印象,提及率最高的是SUV,达到57.11%,皮卡其次,提及率达到29.07%。可见,在消费者心智当中,SUV认知度最高,轿车的认知度明显不足,与两者相距甚远。心智份额决定市场份额,从消费者心智认知来看,轿车品类的发展需要持续投入大量资源进行推广。

从市场上来看，SUV整体利润高于轿车，竞争弱于轿车，投入产出比更高；皮卡在一、二线城市受限行政策限制，市场容量增长十分有限；轿车竞争激烈，吉利、奇瑞、比亚迪等对手占据先发优势。

从品类发展的趋势上看，回顾欧美市场上SUV品类的发展历程，我们发现初期以SUV为代表的多功能车型在乘用车中仅仅占据很小的比例。例如，1990年前美国的多功能车与轿车的比例仅仅为5∶95，但金融危机前夕二者的比例达到了1∶1。对比中国市场，SUV品类在乘用车中的比例仅为4%。从现有市场的角度看，SUV市场极其有限，但从品类发展的角度看，SUV前景广阔。

2009年，长城汽车进行了品牌战略重整。长城汽车确立了"以品类优势打造品牌优势"的品类品牌发展战略，缩减了品牌数量，确定了哈弗SUV、腾翼轿车、风骏皮卡三大品类品牌，并确定哈弗SUV为发展重点。

这意味着，当时长城汽车确定的优先级业务要倒过来，从轿车、SUV和皮卡，变成SUV、皮卡和轿车。而那时，长城汽车已经投入了30亿元建立了轿车产业基地。长城汽车面临艰难的抉择。经过反复论证与研讨，长城汽车采纳了里斯公司的品类战略建议。长城汽车董事长魏建军在接受媒体采访时，提出了"SUV突围""打造全球领先的经济型SUV"的战略目标。

品类战略确定之后，企业在资源上进行了重新分配。汽车产品由于所需研发周期长，所以产品计划的确定尤为重要。长城重新确立了以SUV为核心的产品研发计划，逐渐形成了以H6、H2为代表的强大产品矩阵。聚焦带来了显著的效果，2010年哈弗SUV便重新夺回中国市场上SUV第一的位置，并一直将领先地位延续至今。

2. 哈弗高端化之殇

在SUV持续高速增长以及哈弗SUV产品供不应求的背景之下，长城确立了高端化的发展策略，包括计划通过产品升级、换代逐步将H6等主销价位向上移动，以及计划先后推出一系列中高端车型——H8、H9、H7，从而将哈弗打造成为一个覆盖10万～30万元价格区间的SUV品牌。

里斯公司自2012年开始多次指出，哈弗的高端化违背聚焦原则，同时面临严峻的心智认知障碍，存在巨大的战略风险，建议长城中止H8等高端车型的开发计划，将精力和资源重新聚焦至15万元以下的市场。企业当时认为SUV竞争尚不充分，且H8性价比极高（尺寸跨级别、配置跨级别），存在成功的可能性，而且高端产品已经部分开发，中止计划会带来高昂的损失。最终，自主品牌第一款售价20万元以上的SUV车型哈弗H8，仍于2013年广州车展上市，向途观等合资SUV车型发起正面进攻战。

但上市不久，由于产品品质未达管理层预期标准，而被迫推迟，进入整改，期间一度两次延期。一年多后再度上市的H8，尽管产品已调校近乎完美，但由于竞争环境恶化、产品势能衰竭，即便后续采取了补救措施如增配、降价等也都难有起色。

整体来看，H8不仅未能复制哈弗在经济型SUV市场上的成功，而且削弱了哈弗在经济型SUV品类上的主导性地位，包括：

（1）传播资源倾斜。H8上市后的一年之内，媒体和消费者的关注焦点转移至H8等高端车型。

（2）研发资源倾斜。为解决H8产品问题，经济型产品H2的上市计划以及H6改款/升级等计划被迫推迟。

（3）渠道资源占用和稀释。由于终端流转不畅，经销商动用更多的资源对其进行推广等。

在哈弗向上进攻合资品牌的同时，长安、瑞虎等则乘机向哈弗发动进攻战，瓜分哈弗的市场份额，其结果是哈弗在15万元以下市场上的份额也从2012年的高点39%，下滑至2014年的27%。

3. 推出豪华品牌 WEY

2016年11月广州车展前，长城汽车推出了中国首个豪华SUV品牌WEY。品牌名WEY是在定位之父艾·里斯先生的建议下以创始人魏建军先生的姓氏所进行的命名，这是国内首个以创始人姓氏命名的汽车品牌，其争议性的做法也在WEY品牌发布初期引发了巨量的公关传播。

从长城汽车整体战略布局出发，WEY的推出不仅顺应了中国汽车市场消费升级以及中国制造心智地位不断提升的大趋势，更重要的战略意义在于WEY承担了长城汽车向上突破的任务，有助于释放哈弗品牌的潜力，帮助哈弗进一步聚焦于15万元以下的市场并做到绝对领先。另外，一个全新的品牌也能够规避哈弗品牌经济型的认知包袱，从而更利于长城汽车在15万元以上的SUV市场上获得更大的成功。与一个覆盖8万~25万元市场的哈弗品牌相比，两个各自聚焦在单一细分市场上的品牌是长城聚焦战略的一个深化，对于长城逐渐形成以哈弗品牌为主干的大树型品牌架构具有深远的战略意义。

战略成效

自2009年长城实施品类战略以来，哈弗在此后的连续7年里，一直保持中国SUV销量冠军的位置，截至2016年12月，H6更是连续45个月获得中国市场上SUV车型销量冠军，并继续创造着新的纪录。值得一提的是，跟国产同类车相比，哈弗的价格更高，今天平均每台车的零售价高出0.5万~1万元。

同时，受益于国内SUV市场的高速增长，长城汽车的SUV产品销量开始了井喷式增长，哈弗销量由2007年的5.78万辆增至2016年的93.80万辆，销量8年增长16倍。在业绩方面，2008~2016年，长城汽车营业收入从82.11亿元增至986.16亿元，增长12倍以上，年复合增长率达到

36.4%；净利润从 5.13 亿元增至 105.50 亿元，增长超 20 倍，年复合增长率达到 45.9%。

与长城汽车相比，比亚迪、吉利、长安、广汽、江淮 5 家上市车企纯自主业务 2015 年销售额之和为 2400 亿元，约为长城的 3.12 倍，然而 5 家车企的净利润之和仅为 77 亿元，不敌长城一家之多，上述 5 家车企的平均净利润率约 3.2%，仅为长城 2015 年净利润率的 1/3。此外，上述 5 家车企除比亚迪在新能源汽车品类上暂时领先之外，其他普遍缺乏清晰的战略焦点以及品类主导性优势，品牌力远不如哈弗。

长城汽车品类战略的威力经过 8 年实施已经充分显现出来，在 SUV 市场进入红海竞争的今天，长城不仅没有出现外界所预期的份额与利润双双下降的局面，反而在红海竞争之下销量与利润不断刷新纪录、屡创新高。今天，哈弗已经成长为中国乘用车品类最具竞争力的品牌，并正在成长为全球最大的 SUV 专业品牌的道路。随着 WEY 的推出以及海外战略的进一步明确，假以时日，哈弗将成为中国汽车品牌在全球市场上的代表，长城也有望成为中国的丰田、大众。

真功夫开创米饭快餐新品类

2010 年，真功夫在全国实现直营门店数量超过 380 家，营业额超过 20 亿元，成为当之无愧的中式快餐领导品牌。然而，真功夫从"蒸"到"中式米饭快餐"的品类战略升级背后究竟有何种战略意图？品类战略将协助真功夫实现何种战略目标？

一个快餐品牌应该在消费者心智中代表某种品类：麦当劳代表汉堡；肯德基代表炸鸡；必胜客代表比萨；达美乐代表宅送比萨；赛百味代表潜艇三明治；星巴克代表咖啡；塔可钟（Taco Bell）代表墨西哥饼。美国市场上几乎每个主要的快餐连锁都聚焦于某个品类。当然，这些餐饮连锁中的大多数都有包含很多选择的全食菜单，但在顾客心智中，每一个连锁都与某一种食物有强烈的联系。在餐饮业中，这常常被称为"招牌菜"。

1997年，真功夫创始人之一蔡达标借助华南理工大学的科研力量，与华南理工大学的教授共同研发了电脑程控蒸汽柜，一举解决了困扰中式快餐多年的标准化难题。2004年，第一家真功夫餐厅在广州开业。从第一家餐厅开始，真功夫就以"营养、美味、快捷的中式快餐"为定位，受到关注健康、生活忙碌的消费者喜爱与拥戴。

发展至2007年，真功夫已经在中式快餐连锁领域处于领先地位，但是菜单涵盖米饭、面条、米线等各个品类，种类过多，缺少代表性品项，导致特点不突出，未能有效简化顾客决策，无法给顾客留下深刻印象。调查发现，很多区域的消费者甚至以为真功夫是一个健身连锁机构或者武术培训机构。

2008年，我们协助真功夫进行了战略重整。首要的课题就是研究中餐品类的分化趋势，找到真功夫最值得聚焦和代表的品类。从市场分化的趋势来看，米饭快餐是中式快餐未来最具有价值的品类，而米饭快餐占据真功夫总营业额的80%左右，具有良好的基础。真功夫若期望成为中式快餐领导者，必须进一步明确占据该品类。鉴于在真功夫当时的菜品中，香汁排骨饭全国销售第一，遥遥领先于其他产品，排骨也是最为大众的菜品，适合全国性推广，因此，真功夫决定进一步聚焦米饭，强化香汁排骨饭，作为真功夫的代表品项。

与其他的中式快餐品牌相比，真功夫最大的优势在于解决了困扰中式快餐多年的标准化难题，解决了出餐速度慢的问题，而速度恰恰是快餐行业的根本属性之一。但是真功夫长期以来在"休闲餐饮"与"快速餐饮"之间摇摆，成骑墙之势，未能充分释放自身优势，造成了极大的资源浪费。因此，真功夫在聚焦米饭快餐品类、确定香汁排骨饭为代表品项的基础上，确定了"快速"的品牌定位,向消费者公开承诺"60秒到手"(这个出餐速度甚至超越了麦当劳和肯德基在某些区域和某些时段的运营水准),并以此指引真功夫的产品研发、门店选址、市场拓展等内部运营的调整,从而促进形成整体竞争优势。

围绕这个战略,真功夫进行了多项调整,包括调整菜单,将米线和面条从菜单中剔除;改变以前同时提供七八款汤品的做法,改为集中供应一两款最受欢迎的汤品;门店选址改变以前侧重在休闲观光区域开店的做法,改为集中于机场、车站、城市CBD等对出餐速度有需求的区域开店;在内部运营上,加强对出餐速度的考核,并以此为标准考核新品研发等。

通过聚焦米饭、聚焦快速,真功夫的运营水准进一步提升,为后续发展奠定了坚实的基础。

2008年12月22日,真功夫宣布米饭快餐年销量突破5000万份,第300家店正式开业,首创两项行业新高。在我们的建议下,2010年4月7日,中式快餐行业首所企业大学——真功夫米饭大学正式成立。2010年4月,由中国烹饪协会首次发布的中国快餐50强榜单中,真功夫成为唯一入围快餐前五强的本土快餐品牌,年销售额已经超过20亿元。2012年上半年真功夫的营业收入比2011年同期增长了24.3%,利润超过了2011年全年的利润总额,最终2012年全年取得的利润超过2008~2010年三年的利润总和。

很多中式餐饮品牌希望向消费者提供更丰富的菜单,以满足各种群体的需求。但是,真功夫的实践再次证明,你无法通过向所有人出售所有商品而进入消费者心智。当你这么做时,消费者就记不住你代表的是什么。当你聚焦于某个特定的概念时,你就拥有了一个进入消费者心智的更好机会。

20世纪50年代,麦当劳刚开业时,到了午餐和晚餐时间,餐厅门口时常排着长长的队伍。然而,在过去的几十年中,我们几乎看不到麦当劳的餐厅门口有人排队了。几十年间,麦当劳菜单上的单品数增加了两倍多。

在我们看来，这不是好的策略。也许听起来很不符合逻辑，但我们认为麦当劳如果没有扩大它的菜单，而是保持1955年成立时的样子，它今天的境况会更好。有例子可以证明这一点：美国西海岸有一家叫作"In-N-Out"的汉堡连锁店，它今天的菜单和麦当劳最初的菜单几乎是一样的。In-N-Out汉堡店只出售4种食物：汉堡、双层汉堡、芝士汉堡和炸薯条，此外还有11种饮料。与今天的麦当劳来做个比较，美国麦当劳的单店平均年销售额为220万美元，而In-N-Out汉堡店的单店平均年销售额为230万美元。一个地区性的汉堡连锁是如何做到单店平均销售额超过著名的全国连锁店麦当劳的？我们认为，受到限制的菜单使In-N-Out汉堡店能制做出质量更高、口味更好的食物。事实上，这个观点也得到了绝大多数消费者的认同：In-N-Out汉堡店的食物口味确实更好。

每个品牌，特别是快餐品牌，都需要一个焦点。聚焦品类、聚焦定位、聚焦内部的运营配称，通过聚焦可以带来两个"帮助"，即在内部帮助提升运营能力，在外部帮助将信息植入消费者的心智。

鲁花开创花生油品类

坚持一个品类，成为品类代表，鲁花是如何突破增长瓶颈，迈向百亿俱乐部的？

20世纪80年代，在小包装食用油诞生以前，人们通常是提着空瓶去粮油店购买散装食用油，卫生安全无保障。1991年，新加坡的嘉里粮油集团开始在中国推广小包装食用油，第一瓶金龙鱼调和油上市。1996年，金龙鱼开始在中央电视台投放广告，借助央视的强大影响力，小包装食用油以及金龙鱼得到了消费者的广泛关注，金龙鱼迅速成长为中国小包装食用油的第一品牌。此时金龙鱼旗下产品涵盖多个品类。

面对强大的竞争对手金龙鱼，鲁花集团并没有像福临门或者其他品牌那样，选择盲目跟随金龙鱼做调和油，而是依托山东半岛独特的花生原料资源，大力发展花生油品类。针对金龙鱼调和油以大豆油为基础油调和而成的特点以及中国人传统的食用油消费习惯，鲁花把花生油品类的最大属性"香"作为自己的品牌定位，将产品命名为"特香纯正花生油"，以"滴滴鲁花，香飘万家"为诉求展开推广。1997年秋，鲁花在中央电视台做了"滴滴鲁花，香飘万家"的广告，效果在1998年马上显现，鲁花销量迅速增长，成为中国销量最大的花生油品牌。

1998年，金龙鱼花生油上市，但是在和鲁花花生油的竞争中节节败退，根本无法遏制鲁花的成长势头。2002年，金龙鱼推出了第二代调和油，以"1∶1∶1"的诉求，强调自己是更健康的食用油。这个定位受到了消费者的广泛认可，金龙鱼的销量重新恢复高速增长。此时，借助2003年鲁花食用油成为"人民大会堂宴会用油"的契机，鲁花用"国宴用油"来对抗金龙鱼调和油的"1∶1∶1"。但是随后几年，由于花生原料价格上涨，鲁花花生油和金龙鱼调和油的价格落差越来越大，2008年年初一度达到了鲁花花生油的售价是金龙鱼调和油的两倍左右，鲁花的增长速度明显放慢。迫于价格压力，鲁花展开了"香味浓、用量省，一瓶要顶两瓶用"的推广，但是不见成效。

如何突破瓶颈，重新恢复快速增长？鲁花决定进行战略重整。

我们通过对一线消费者的研究，发现鲁花围绕"价格"进行"一瓶能顶两瓶用"的推广存在以下问题：第一，只能产生局部效益，无法产生整体战略优势；第二，随着花生油和调和油的价差越拉越大，这种推广越来越没有吸引力；第三，违背消费者认知和习惯，难以引起广泛认同；第四，放弃了核心顾客最关注的利益点"健康"，放任金龙鱼调和油凭借"1∶1∶1"的定位不断强化"健康油"的认知。

作为花生油品类的领导品牌,这个阶段的鲁花应主要针对其他品类展开竞争,扩大品类份额,带动花生油品类增长,从而实现自身增长。在品类本身小的情况下,打击品类内的其他品牌,将导致品类分量更小,有可能造成品类萎缩,因此鲁花针对金龙鱼调和油展开了进一步的研究。研究发现,金龙鱼调和油之所以强大的根本原因在于对"1∶1∶1"调和比例的推广,并以此成为"调和油"品类的代表。为了保持"1∶1∶1营养均衡""调得好"的竞争优势,金龙鱼调和油在调和的过程中要使用化学物品,从金龙鱼调和油的标签就可以看出:采用浸出工艺,需要添加人工化学溶剂;添加人工防腐剂(抗氧化剂);采用人工转基因大豆或油菜等。而鲁花花生油长期以来采用传统的压榨工艺,生产过程中不需要添加化学溶剂。早在2003年6月,鲁花5S纯物理压榨工艺就通过了国家科技成果鉴定。

因此,我们重新调整了鲁花花生油的品牌定位,从价格诉求转向价值诉求,停止了"香味浓、用量省,一瓶要顶两瓶用"的宣传,改为强调"纯物理压榨,非化学浸出"。作为"压榨油"的代表,鲁花花生油重新和金龙鱼调和油展开了正面竞争。

2009年,鲁花重新恢复了高速增长,进一步巩固和强化了在中国小包装花生油市场上的主导地位。2012年,鲁花花生油的销售额已经超过了100亿元。

鲁花的成长历程再次告诉我们,在品类的不同成长阶段,面对不同的竞争态势,企业需要不断地对品牌定位进行调整,但是目的始终如一:成为品类的代表,主导所在品类。

家有购物:开创家居用品电视卖场新品类

一个面临严重行业信任危机、持续亏损两年多的电视购物频道,如何在短期内快速扭转败局，实现盈利和品牌的良性发展？答案在于通过聚焦开创一个新品类。

家有购物是贵州电视台与香港投资公司合资，由广电总局批准开办的专业电视购物频道，频道自2009年投入运营以来，一直处于亏损状态，企业管理层最初认为核心的问题在于内部的运营管理，公司缺乏具有电视购物运营管理经验的团队，于是引入大量的具有中国台湾地区、韩国电视购物运营管理经验的人员，但情况并未得到根本的改观。

在与企业进行充分的沟通和了解后，我们逐渐厘清了家有购物面临的状况：

（1）国内电视购物分为两种：一种是电视购物广告，行业称为卫购，通常由中小企业运作，通过购买电视广告时段来播出产品广告，由于企业良莠不齐，虚假广告较多；另一种是电视购物频道，行业称为家购，是国家为规范电视购物行业所批准开设的购物频道，主要由国内电视台申请开办。由于长期以来卫购造成的负面影响，普通消费者难以区分卫购与家购的区别，电视购物在国内消费者心中的形象和口碑不佳，信任度较低。

（2）目前国内的全国电视购物频道主要有上海的东方DJ、快乐购等，其中东方DJ初期主要聚焦于上海市场，由于上海本地媒体几乎不播出电视购物广告，因此当地消费者对电视购物的信任度为国内最高。2009年，东方DJ实现了50亿元的销售额。国内电视购物主要学习中国台湾地区、韩国模式，销售全线产品。

（3）家有购物是国内覆盖最广的电视购物频道，除了通过有线网进入北京、上海、内蒙古、贵州、河北、吉林、河南等省市自治区市场以外，还通过模拟信号覆盖全国，包括众多偏远地区；家有购物当前销售全线产品，包括旅游、3C、家居、珠宝收藏等。从运营上反映的问题主要为：退货率高；新客户增加较少，如核心市场贵州的会员数长期停滞在10万左右；

营业额停滞不前。

接下来，我们对行业、企业、竞争状况进行了充分的研究，同时走访了重点城市的数百名消费者，了解了他们对电视购物和家有购物的心智认知状况，随后我们形成了对家有的品类战略，核心为以下几点：

（1）中国台湾地区和韩国电视购物的模式无法照搬，中国台湾地区和韩国是一个小市场，小市场"开杂货店"，采取百货模式是合适的，但在中国大陆这个大市场，则需要开专卖店。家有购物要真正成为全国性电视购物频道，必须进行聚焦。

（2）消费者普遍对电视购物缺乏信任度，但通过宣传诚信的方式无法解决此问题。经过消费者认知研究，我们发现消费者对不同产品的信任度不同，对实用性较强的产品，如家居厨房用品信任度较高，但对收藏等类别的产品信任度较低。

（3）家有购物应该聚焦核心顾客——"家庭主妇"所关注的、具有广泛需求的"家居用品"品类，主营厨房用品、寝具、清洁用品、家居装饰等类别，成为国内第一个"家居用品电视卖场"；砍掉价格变动频繁、退货率高的3C类产品，砍掉需要提供强力售后保障、投诉率高的大家电产品、旅游产品以及信任度低的收藏等类别的产品。在覆盖区域上，我们建议集中几个重点区域，停止较为边远、配送难度较大地区的销售。

（4）针对传统卖场，核心定位为"家居用品，天天特价"。

由于目前电视购物较为发达的中国台湾地区、韩国等都缺乏成功的专业性电视购物频道，我们的建议在企业中高层那里遇到了各种质疑和反对，经过多次激烈的讨论，最终，企业最高层决定全面实施我们的品类战略建议。

品类聚焦的力量甚至超出我们的预期，在进行产品收线的第二个月，借助旺季的到来，企业就实现了首次盈亏平衡，从此步入盈利的正道。战略调整之前，家有购物的日均销售额在100万元；2011年，单日销售额突破 500 万元；2012 年，单日销售额突破千万元。

值得一提的是，品类的聚焦同样带来了内部运营管理的改善，因为所经营的产品类别较少，服务人员对产品的熟悉程度更高，可以更好地解答客户的问题；售后服务的投诉率、退货率也大大降低；企业的毛利则进一步提升。这充分说明，品类战略是企业经营的核心战略。

斯巴鲁聚焦开创四驱车新品类

根据 2015 年日本车企全球业绩报告，五大日系车企中的丰田、本田和三菱盈利能力全面下滑，甚至出现严重的负增长。与之相反的是，斯巴鲁实现盈利大幅增长，净利润达到 262 亿元，同比增幅高达 67%，表现出色（见表 9-1）。

表 9-1　2015 年前五大日系品牌净利润增长情况

品　　牌	销量（万辆）	净利润（亿元）	2015 年净利润同比增幅
丰田	1 015	910	↓ 53.9%
日产	542	314	↑ 14.5%
本田	474	302	↓ 24.9%
三菱	105	43.5	↓ 38.6%
斯巴鲁	97	262	↑ 66.7%

资料来源：搜狐新闻汽车板块／日本车企 2015 财年业绩报告。

斯巴鲁的成功逆袭要得益于其在美国市场上的成功，2015 年全美销量同比上涨 13%，达到 58.3 万辆，占比全球销量的半壁江山，并连续 7 年刷新销量纪录。其销量仅为通用汽车的 1/10，净利润却达到通用汽车的四成。一个知名度并不算高的汽车品牌是如何实现如此惊人的业绩的？

聚焦四驱车

时间回溯到 20 世纪 90 年代，中级车是当时美国汽车市场的主流，通用汽车、福特等主流美国车企均把业务重心放在中级车市场上，导致各品牌产品陷入同质化竞争，斯巴鲁也是如此，不过是中级车市场上的一个没有特点，同时缺乏足够知名度的品牌。到1993年，斯巴鲁在全美的销售额共计14亿美元，亏损2.5亿美元，随之而来的是斯巴鲁总裁被解雇。

关键战略决策：小品牌如何聚焦

新的总裁乔治·穆勒上台后面临艰难的战略抉择，彼时斯巴鲁卖出的产品中两驱占比52%，而四驱占比仅48%。但是穆勒做出了一个惊人的决定：放弃份额更大的市场，转而聚焦无论从整个汽车市场看，还是从斯巴鲁自身看，份额都更小的四驱市场，只销售四驱车型。

穆勒的决策体现了不同地位的企业，聚焦的思路不尽相同，对于一个中小品牌，如何与强大的对手实现差异，远离对手有优势的战场是最重要的战略原则。斯巴鲁通过聚焦开创了四驱车品类，也进一步引导了四驱品类的消费需求。在斯巴鲁进入美国市场之前，四驱系统通常装配在越野车或特种车辆上，普通车辆几乎没有安装四驱系统的。而汽车的驱动系统也与气候紧密相连，美国南部由于气候四季温和，人们通常喜欢购买两驱车。而北部由于冬季漫长、寒冷，雨雪天气道路湿滑，人们通常喜欢购买四驱车，驾驶更安全，也更契合环境。因此，四驱车型更符合北部的消费趋势和习惯，这样，斯巴鲁通过聚焦进一步在细分市场上站稳了脚跟。

在聚焦四驱车品类后，斯巴鲁便围绕"四驱"战略制定了一系列配称措施。在研发上，斯巴鲁通过创新研发将水平对置发动机安装在四驱车辆上，提升车辆操控及动力性能的同时也更加节约燃油。在推广上，斯巴鲁强调它是唯一只销售四驱车型的汽车品牌，并在广告传播及公关软文中都强调其优势是全时四轮驱动，让消费者体验到的不仅仅是四驱驾驶的乐趣，更多的是其驾驭全路况的卓越安全性。

通过聚焦四驱车品类，斯巴鲁凭借其独特的全时四驱定位及优良、稳定的产品性能，在短短的几年间便实现了销量与利润扭亏为盈。从1993年的10.4万销量至2015年的58.3万销量，斯巴鲁实现了高速的增长，净利润也从亏损的2.5亿美元涨至38.5亿美元（见图9-1）。整体排名从曾经的日本八大车企末位升至现在仅次于丰田、本田和日产的第四大高利润车企。

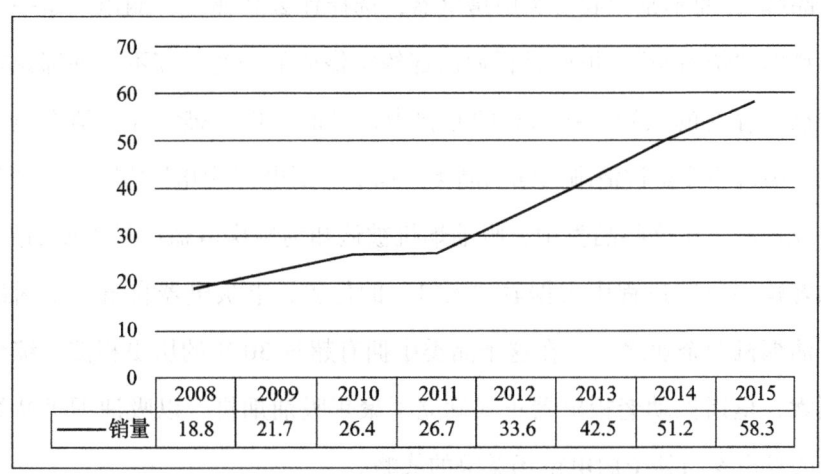

图9-1　斯巴鲁近年美国销量走势（单位：万辆）

资料来源：富士重工年度产销快报。

老板电器，大吸力油烟机全球销量第一

根据权威市场调查机构欧睿国际（Euromonitor）发布的一份全球自有品牌吸油烟机调查数据，老板吸油烟机2016年零售量继续位居全球第一，继2015年首次获得全球销量冠军之后再次登顶。不仅销量遥遥领先，从2011年开始，老板电器连续六年每年净利增长达30%以上，是中国家电行业中品牌盈利能力最强、发展速度最快、业绩表现最稳定的企业。老板电器的

高速发展引人瞩目，这些成就的背后则是企业多年来对品类聚焦和品牌定位的专注与坚持。

聚焦心智中的品类，吸油烟机而非厨电

2011年，方太确立了"高端厨电专家与领导者"的品牌定位，展开了大规模的宣传。厨电行业其他品牌纷纷跟进，都在"厨电"概念上寻找差异化。但是里斯研究发现，消费者习惯的表达是"我要买吸油烟机，选择什么品牌"，而不是"我要买厨房电器，选择什么品牌"。"厨电"是一个非常典型的"伪品类"，虽然是行业内部约定俗成的表达，却不是外部顾客心智中已经存在的认知。在顾客的心智中，吸油烟机、燃气灶、消毒柜、豆浆机……这些才是被清晰认知的品类，而非"厨电""白电""黑电""小家电"等行业术语。在这些品类中，吸油烟机被认知为厨房电器中最重要的品类，在顾客购买决策过程中占据着"入口"的位置，老板电器自身是中国最早生产油烟机的企业之一，在这个品类中拥有超过30年的历史积淀。综合这些因素，里斯推动老板电器正式确立了聚焦吸油烟机、以吸油烟机品类代表者的身份参与整个厨电市场竞争的战略。

光环效应，带动成套购买

消费者在购买厨房电器时，通常首先确定吸油烟机的品牌，然后在这个品牌中配套购买其他品类产品。配套的顺序由顾客心智中对吸油烟机和其他品类的认知关联度决定：燃气灶认知关联度超过90%，消毒柜认知关联度不到20%；对于豆浆机等厨房小家电来说，则基本不会和吸油烟机成套购买。聚焦推广吸油烟机一年之后，2012年老板电器首先在吸油烟机品类上超越方太，成为销售量和销售额的双料第一；聚焦推广吸油烟机两年之后，2013年老板电器超越华帝，在燃气灶上的销售量和销售额均实现第一；聚焦推广吸油烟机三年之后，2014年老板电器在消毒柜上超越康宝成为这个品类的销量冠军。在集体比拼"厨电"的时代，各品类里都有各自领先的专家品牌，如灶具里的华帝和消毒柜里的康宝，但在老板电器聚焦"吸油烟机"、其他品牌继续推广"厨电"后，老板电器不仅迅速在吸油烟机品类上建立并巩固了领导地位，而且凭借在吸油烟机品类上建立起来的主导地位，成功地吸引到了其他品类里竞争品牌的消费者，从而实现了多品类的销量领先，在各品类中实现领先的顺序与最初消费者认知中呈现的品类相关度认知高低顺序完全一致。

"大吸力"一词占心智

定位，简而言之，就是一词占心智。定位的目标是"占心智"，要求品牌用外部视角来看待市场、竞争和自身；定位的手段是"一词"，信息应尽可能简化，追求"大道至简"。

在里斯协助老板电器研究品牌定位之前，老板电器的品牌推广曾经使用过两个主题：一是"老板更懂生活"；二是"有爱的饭为世界构建更多幸福的家"。"生活"是中国家电品牌最爱使用的传播口号，没有之一。

创意感动生活——TCL

健康美妙生活——创维

幸福生活 原来是真——华帝

创造高品质生活——惠而浦

新灵感 鲜生活——海尔冰箱

精致你的生活——艾美特

快乐创造C生活——长虹

创造新生活——春兰

生活本来就是享受——伊莱克斯

倡导绿色生活——新飞

品质生活　国美创造——国美

动情科技新生活——海信

全心生活科技——小天鹅

原来生活可以更美的——美的

创意生活——松下

倍享舒适生活——林内

好生活　更轻松——荣事达

您生活中的电器专家——苏宁

领航数字新生活——厦华

和美好生活——万和

品质生活——悠美电器

……

"爱"的应用范围则更加广泛，家电、调味品、家居用品、医药……这些行业都很喜欢用"爱"来定位自己的品牌。

因爱伟大——方太

李锦记，爱的味道——李锦记

有家有爱——欧派

因爱而生——强生

……

高度趋同的后果是顾客根本无法识别其中任何一个品牌。

里斯对全国不同区域、不同层级市场的消费者进行了认知调研，发现不管是一、二线城市还是三、四线城市，不管是东北还是西南，消费者对于吸油烟机都有一个最明显的需求：吸力要大！吸力，是吸油烟机品类的第一属性。对于中国厨房来说，这是最明显不过的答案。但是，如此显而易见的结论，长期以来却被整个行业所忽视。

明确"大吸力"是老板电器品牌定位的方向之后，在讨论传播口号阶段，发生过一段小插曲。调研结果显示："大吸力"是消费者最关心的因素，"静音""外观""服务"等也很重要。尤其是"静音"，吸力越大，噪声就越大，这是消费者访谈中普遍呈现的认知共识。方太一直在推广"高效静吸"，也在强调静音。从终端反馈来看，"静音"也能影响一部分消费者。老板电器如果只宣传"大吸力"，则存在隐患，可能被对手攻击"有噪声"。因此，在讨论阶段双方曾经设想过使用"大吸力，小噪声"的传播语，但是最终没有采纳这个设想，最主要的原因是"大吸力、小噪声"和顾客已有认知不符。消费者不会相信这样的传播语，很可能在吸力和噪声两方面都将信将疑，这反而会淡化传播效果，因此最终我们确立了老板电器的全新定位及传播口号：老板，大吸力油烟机。

吸纳竞争，扩大品类

企业在发展过程中常常会面临这样的问题：刚刚寻找到一个差异化的方向，推广不久就会有大量品牌模仿跟进，一时鱼龙混杂，消费者难辨真伪。在这个阶段中，企业通常的做法是起诉其他品牌，希望通过各种手段封杀竞争对手。里斯的观点恰恰相反：品牌以开放的姿态吸纳竞争，迅速形成品类；在品类扩大的过程中确保品牌的主导地位，最大化借助品类推力，这是最好的竞争局面。如果封杀竞争，虽然可以独享差异化的利益，但是独木难以成林，最终会限制整体品类规模的扩大。老板真正要做的是在"大吸力"这个定位方向上倾注所有的研发、生产、设计、营销资源，确保始终站在最前沿，始终引领行业发展。兄弟品牌急于模仿跟进，既帮助老板电器扩大品类声量，又无法颠覆老板电器的主导者地位，这样的竞争态势对老板电器来说是最有利的。

2013年老板电器对"大吸力油烟机"进行推广之后，短短半年时间内，多达30多家兄弟企业跟进，模仿推出了各种大吸力产品。根据我们的监测，最多时全行业有69家企业在同时推广大吸力，品类阵营空前强大。老板电器最大的竞争对手方太在犹豫一年之后也放弃了"高效静吸"，将推广主题更改为类似的"四面八方不跑烟"。

将对手变成友军，吸引更多竞品加入，巩固并扩大"大吸力"品类。作为开创者与领导者，老板电器在这个过程中也获得了最大收益。竞争产生竞争力，模仿和跟进倒逼老板电器在研发上不断突破，始终以"新一代大吸力"产品引领行业发展。聚焦的力量在此阶段进一步释放：跟随者能够模仿一句口号、一款产品，却难以保证在定位方向上进行同样程度的持续投入。到2017年，老板大吸力产品已经进化到第四代，大吸力的竞争已经不仅仅是风量层面的军备竞赛，而是涵盖了风量、风压、电机、算法等软硬件指标的综合技术能力的较量。竞争门槛不断提升，很多小品牌在此过程中被淘汰，老板电器在夯实心智地位的同时，市场份额也不断扩大，并于2015年首次实现了中国品牌吸油烟机全球销量第一。

主动分化，打造品类大树

今天，厨房电器市场竞争环境又发生了变化。几年前还可以忽略不计的蒸箱、烤箱等新品类开始兴起，增长速度惊人。品类分化开始萌芽，光环效应减弱，吸油烟机对其他品类的带动效果降低，老板电器在新兴品类上储备了若干产品，正积极推动品类分化，引领厨电行业进入新一轮发展。

一麦啤酒：中档市场突围

惠泉啤酒是中国八大啤酒企业之一，也是福建省唯一的啤酒上市企业。2005年，惠泉在江西抚州的工厂正式投产，标志着惠泉将江西作为自己的重点市场加以培育，初期市场反馈很好，惠泉的份额一度位居江西第一。但是自2009年开始，惠泉啤酒在江西面临销量持续下滑的局面，到2011年，市场占有率仅为17%，远低于江西本土品牌南昌啤酒（30%）和同样来自福建的雪津啤酒（37%）。

如何重新恢复销量增长，实现盈利和品牌的良性发展？

我们在市场走访中发现，与企业的理解方式不同，市场竞争的主体是品牌而不是企业，消费者认知中的品牌并不是各个企业品牌如惠泉啤酒、南昌啤酒、雪津啤酒，而是具有差异化特征的不同产品如一麦、8度、麦之初等。具体来看，消费者首先按照价格档次对啤酒进行区分：比如在零售渠道，单瓶售价2元以下、2～3元、4元、5元及以上分别是四个不同档次，企业在不同档次的有差异化的产品在认知中分别为不同品牌，参与不同层面的竞争。比如，在认知里，"一麦"和"惠泉"完全是两个品牌，一麦的竞争对手也不是"南昌啤酒"，而是同在4元价位档的"南昌8度"。从这个层面分析，可以清楚地看到南昌和雪津的强大正是在于它们分别在两个最主流的市场：中档（流通价格4元）和大众档（流通价格2～3元）市场占据领导地位。而相反，惠泉的弱势正是在于没有在任何一个品类中占据主导。

要实现惠泉啤酒的新一轮增长，首先需要确认惠泉要在哪个品类中获得优势地位。

我们通过对于市场潜力、消费者认知基础、相对竞争力以及企业内部利润结构等方面综合分析，确定了聚焦一麦，争取实现对于中档市场上主导的品类品牌发展战略。

而面对江西中档啤酒市场上的激烈竞争，一麦想要顺利占领消费者心智，必须建立一个清晰有力的品牌定位。

一直以来，一麦的传播都围绕"头道麦汁好味道"，因为消费者普遍认为"味道"是选择啤酒的一个重要原因。但是对心智认知的进一步挖掘表明味道是一个主观评价因素，大部分人是首先因为某个原因选择了目前常喝的酒，进而才认为这个酒味道好。一麦传播的"好味道"对于影响消费者购买决策的作用非常小。

另外，在访谈中我们发现，在江西市场上，"不上头"是消费者对于好啤酒评价的一个很重要的因素，而且"不上头"也是消费者选择一麦的原因中提及度最高的一点。相对地，中档市场的领导品牌南昌8度与一麦相比具有明显的"更容易上头"的认知，因此，应明确一麦的利益点是"不上头"而不是"好味道"。同时，一麦一直以来宣传的"头道麦汁"已经形成了一定的认知基础，消费者普遍认为头道麦汁酿造的啤酒是更好的啤酒。江西市面上的高档啤酒"麦之初"和"第一枪"都主打头道麦汁，有助于进一步支撑这个认知。综合来看，我们确定了一麦的品牌定位"头道麦汁不上头"，将头道麦汁与不上头形成关联，建立一麦是好酒的认知，也支撑了其在中档市场上的价格定位。

确立了品类战略和定位之后，企业将资源重新分配，集中优势资源在一麦，重点将一麦做大做强。当时在"一麦"这个名字下面还有好几款不同产品，包装、价位都不统一，在认知中容易形成混淆：到底谁才是一麦？我们对一麦的产品线进行了梳理，对于当时市场在售的多款产品进行分析，发现消费者认知度和接受度最广的是一款绿瓶的490ml的产品，这款产品在认知中等于一麦，消费者甚至对它有一个专属昵称叫"矮炮"。综合其市场表现，惠泉将一麦产品线进行收缩，集中推广490ml绿瓶产品，其他的规格和包装严格控制在特定区域销售，避免出现认知干扰。各地逐步调价实现价格统一，保证一麦的中档价位。通过对于整体渠道、传播的管控，形成关于一麦是什么产品、一麦是什么价位、一麦是什么定位的统一认知。

2012年，惠泉啤酒在江西市场上的销量重新恢复增长，利润也大幅增加。其中，一麦增长了47%。2013年，一麦继续保持高速增长，预计全年增速50%以上。

蓝色经典：开创品类造就经典

自2003年洋河"蓝色经典"上市以来，"蓝色风暴"引人注目：2004年，销售额突破7600万元；2005年，销售额达到2.8亿元；2006年，销售额达到6.78亿元；根据洋河上市公司年报数据，洋河集团2010年中高档白酒销售额达到63亿元，除去同为中高档的双沟珍宝坊的销量，蓝色经典系列2010年销售额在50亿元左右。蓝色经典是如何在名酒林立的白酒市场上实现成功超越的？

其一，开创新品类。人们普遍关注了蓝色经典所提出的"绵柔型白酒"的概念，认为蓝色经典开创了"绵柔型白酒"品类；实际上，对于烟、酒等产品而言，消费者区分品类的主要标准在于价格，而非口味，蓝色经典所开创的是比传统高端白酒"茅、五、剑"价格更低的新品类：140～200元价格档次。这个价位填充了茅台、五粮液相继涨价后酒店渠道所滞留下的新的主流价格空缺，同时与当时江苏省省内主要竞争对手徽酒在价格上拉开了距离。

国内白酒中提出口味创新概念的白酒品牌并不在少数，如古井就提出"淡雅香型"，鲁酒品牌也提出过"芝麻香型"等。实际上，对于食品饮料的消费，心智的认知比口味更为重要。在国外，很多可乐品牌在消费者盲测中都胜过可口可乐，可一旦贴上标签，消费者还是会选择可口可乐。

当然，洋河在当时浓香为主流的市场上，不跟随大流，力图形成自己特点的做法也是其获得成功的原因之一。并非所有喝茅台的消费者都喜欢茅台的酱香口味，实际上很多消费者反映茅台的口感酱味太重、过于刺激，但这并不重要。重要的是品牌应该在产品上形成自己独特的特点，以使得自己和竞争对手拉开距离，从而强化品类的区别。

其二，启用新品牌。洋河为这个独特的产品启用了"蓝色经典"这个新的名字。有人认为，蓝色经典使用的是副品牌策略，叫作"洋河蓝色经典"，事实并非如此。品牌是消费者心智中品类的代表，确实，在蓝色经典的包装上，使用的名字叫作"洋河蓝色经典"，但消费者通常称这个产品为"蓝色经典"；根据媒体报道，"2008年国家工商行政管理总局及商标评审委员会最新认定'蓝色经典'为'中国驰名商标'，江苏洋河酒厂拥有了'洋河'和'蓝色经典'两个驰名商标"。蓝色经典作为独立品牌已经在法律上得到确立和保护。

其三，象征性视觉是蓝色经典成功的又一要点。如果问白酒应该用什么样颜色的包装，或许没有人会说蓝色。为了满足白酒的传统风格和迎合喜庆场合的需要，几乎每一个白酒品牌或多或少都要带上红色；蓝色经典反其道而行之，采用了与红色相反的蓝色，立即从众多的品牌中脱颖而出。达到的效果是，如果说起红色的包装，消费者无法确认是哪个白酒品牌，但如果说起蓝色，基本就可以确认是蓝色经典。除了颜色，洋河蓝色经典瓶体采用弧形透明材料，这美丽的曲线如同女士优雅的裙摆，更加强化了蓝色经典的象征性视觉。

其四，聚焦市场，稳步启动。就绝对增长而言，蓝色经典的发展速度是惊人的，但就铺向市场的速度而言，蓝色经典是稳步甚至可以说是缓慢的。蓝色经典上市之后，没有采取迅速向全国市场铺开，在黄金时间段投放广告的策略,而是一直聚焦于江苏省,以南京市场为中心,重点发展以江苏宿迁为代表的苏北市场以及以苏州为代表的苏南市场,直到成为江苏中高档白酒的绝对领导者,既为品牌的发展打下了基础,也为向外扩张积累了影响力和势能。

对于江苏以外的全国市场,洋河采取了精选目标市场进行布点、耕耘,导入产品并培育市场的策略。2006 年,洋河开始选择河南和北京重点运作,逐步形成了以江苏周边的河南、安徽等白酒消费大省为核心的省外重点市场布局,然后向市级、县级市场深耕。根据上市公司年报,2009 年,蓝色经典在河南、安徽、山东和上海四省市的销量过亿元;2010 年,洋河股份在全国 13 个省实现超亿元的收入,其中蓝色经典占据绝对比例。

在短短 7 年的时间里,蓝色经典创造了中国白酒单品牌成长的奇迹,一举跻身中国白酒品牌前三甲之列。蓝色经典的成功,再次验证了品类战略的威力。

然而,今天洋河不仅推出了"青花瓷"系列、"贵宾洋河"系列,同时也进一步扩张"蓝色经典"品牌,将原属"蓝色经典"系列的产品"天之蓝""海之蓝"发展为独立品牌。这种做法在短期内可以借助"蓝色经典"实现销售额的快速提升,但长期来看,将稀释蓝色经典的竞争力,使洋河向灌木型企业发展。

农夫山泉主导天然水品类

1998 年以前,纯净水的全国性品牌有两个:娃哈哈和乐百氏,这二者已经构成了纯净水市场上两大寡头垄断的局面。自 1998 年 4 月起,农夫山泉推出了差异化的 550ml 运动装纯净水,借助中央电视台的传播,"农夫山泉有点甜"的广告语迅速传遍大江南北,农夫山泉的红色风暴也开始席卷全国各地。同一年,农夫山泉的市场占有率迅速上升为全国第三,基本形成与娃哈哈、乐百氏三足鼎立的局面。

事实上,农夫山泉并不是第一个采用运动瓶盖的瓶装水品牌(上海老牌饮料厂商"正广和"率先推出了运动瓶盖),但农夫山泉率先在全国范围内展开传播,抢占了心智认知。

面对娃哈哈、乐百氏以及区域水品牌的竞争,农夫山泉意识到,继续在纯净水品类中竞争,自身成长空间有限,很难获得领先地位。如何突围?农夫山泉开创了天然水新品类。

2000年4月,养生堂公司总裁钟睒睒宣布了一项石破天惊的决策:农夫山泉不再生产纯净水,全部生产天然水。

为强势推出"天然水"概念,农夫山泉做了以下三项实验。

(1)植物实验:水仙花在纯净水和农夫山泉天然水中生长状况为,7天后,纯净水中的水仙花根须只长出2cm,天然水中长出4cm;40天后,纯净水中的水仙花根须重量不到5g,天然水中的根须重量超过12g。

(2)动物实验:摘除大白鼠身上分管水盐生理平衡的肾上腺,在喂以同等食物的基础上,分别喂以纯净水和含钾、钠、钙、镁等微量元素的农夫山泉天然水,6天后那些喝纯净水的大白鼠只剩20%活着,而喝天然水的还有40%活着。

(3)细胞实验:取两个试管,一个装纯净水,另一个装天然水,然后滴两滴血进去,放在高速离心机里离心,结果纯净水中的血红细胞胀破了。

这三项实验的结果在媒体公布之后,引来行业的强烈反应。2000年6月8日,由娃哈哈牵头,全国69家纯净水企业在杭州共商对策。会上纯净水企业发表了一项声明,指责农夫山泉有不正当竞争行为,要求养生堂公司立即停止诋毁纯净水的广告宣传活动并公开赔礼道歉。虽然面对竞争对手的重重包围,但农夫山泉没有示弱。先是根据浙江大学的"水与生命"

的实验结果，单方面向媒体宣布自己的选择，并在中央电视台黄金时段播放自己宣布停止生产纯净水的广告，继而在电视上播出新的广告片，诉说自己的产品特色，还同时兴建设备先进的水厂，以环环相扣的策略引起了媒体和公众的关注，借新闻之势，产生了冲击力强、波及面广的轰动效应。2000年7月9日，新华社发出的电讯稿报道"专家提醒"："纯净水"不宜大量地长期饮用，在新闻舆论上为这场"纯净水之争"做了结论。

当年农夫山泉市场占有率达到19.63%，成为中国瓶装水市场的第一品牌。

2004年开始，康师傅发力矿物质水，以"多一点，生活更健康"为诉求，高举扩大生产、降低成本、大打价格战的市场策略，市场占有率迅速跃升，目标直指农夫山泉。

面对康师傅矿物质水的挑战，2006年7月1日起，农夫山泉连续在广州、深圳、东莞三地发起"你家喝什么水，我来帮你测"的活动。最终，除法国依云、法国富维克、农夫山泉、椰树四个品牌的产品呈弱碱性之外，其余的品牌全部呈现弱酸性。2007年4月，农夫山泉挟着在广东试点的成功经验，发起了强大的广告攻势，在全国正式掀起第二次水战。"农夫山泉pH试纸篇广告"开始在央视黄金时段滚动播出，全国各地主流媒体开始出现水测试活动的大幅宣传广告，国内知名门户网站新浪和网易的首页也出现了酸碱水测试的悬浮式广告。此外，农夫山泉还特意招募在校大学生作为"健康推广员"，派送农夫山泉宣传册，并现场为消费者讲解水健康知识。

凭借这一轮推广，"饮用弱碱性水更健康"的观念深入人心，农夫山泉天然弱碱性水成功夺回市场领先地位。

2013年3月，华润怡宝推出"中国饮用水之殇"网页和广告，列数了中国近10年来的所有水污染事件，进而指出"大自然搬运过来的水，你还敢喝吗"，矛头直指农夫山泉广告语"大自然的搬运工"。4月，《京华时报》报道，农夫山泉在广东万绿湖水源地、浙江千岛湖水源地和湖北丹江口水源地避高就低，舍弃国家严格标准（天然水 GB8537；纯净水 GB17323）和广东标准，采用相对宽松的浙江地方标准"DB33/383-2005"，有悖《食品安全地方标准管理办法》。报道称农夫山泉执行的标准不如自来水标准。

农夫山泉对此展开了猛烈的公关反击。

2013年5月6日，农夫山泉董事长钟睒睒在北京召开新闻发布会，宣布农夫山泉退出北京桶装水市场，并宣称农夫山泉企业品质高于任何现行行业标准，同时与《京华时报》展开激烈口战，随后向法院提起诉讼要求其赔偿名誉损失6000万元。

进一步农夫山泉发表声明，指出"标准门""质量门"等一系列事件均由华润怡宝背后一手策划，农夫山泉手中有证据可以证实。

针对华润怡宝的瓶装水系由城市自来水灌装而成，农夫山泉随即在全国范围内发起了大规模的"两高一优寻源活动"。农夫山泉邀请电视、报纸和网络媒体以及消费者来前往工厂、水源地开展"见证千岛湖寻源之旅"，并对农夫山泉天然水和华润怡宝纯净水进行pH试验。同时农夫山泉也发出号召，请媒体和消费者对以自来水为水源的华润怡宝的所有水源、生产过程和产品品质进行参照比对。

标准门事件仍在持续，目前看来，农夫山泉极有可能化危为机，通过此次水战，打压华润怡宝的市场份额，进一步强化自己在瓶装水领域的主导地位。

云南白药开创"含药创可贴"新品类

2000年，云南白药作为百年品牌，面临品牌老化、利润萎缩的困境。强生找到云南白药，希望利用强生邦迪的市场和云南白药的品牌共同研发一种创可贴，云南白药拒绝了这个提议，但受此启发，决定自主研发创可贴产品。当时美国强生公司利用自己强大的实力和优势,其生产的邦迪创可贴占据了中国创可贴市场90%的份额。面对如此强大的竞争对手,云南白药创可贴如何发展？答案是开创新品类。

20世纪中成药中最神秘的莫过于云南白药,发明人曲折而坎坷的经历以及药物本身神奇的疗效,一直是人们津津乐道的话题。19世纪末,云南民间名医曲焕章根据明清以来流传于云南民间的中草药物,苦心钻研试验,经十载临床验证,反复改进配方,于1902年创制出一种伤科圣药,取名"曲焕章百宝丹",俗称"云南白药"。而后,百宝丹的声誉由中国走向新加坡、雅加达、仰光、曼谷、日本等地。1955年,曲焕章的家人将此秘方献给政府,由昆明制药厂生产,正式改名为"云南白药"。次年,国务院保密委员会将云南白药处方及工艺列为国家级绝密资料。历经百年发展,云南白药在世界各地消费者中积累了良好的口碑,"伤科圣药、止血秘方"的认知成为最宝贵的心智资源,就像可口可乐公司那张神秘配方一样,云南白药的神秘配方也带给了人们无穷的想象。

在这个宝贵的心智资源的基础上,云南白药创可贴开创了"含药的创可贴"新品类。2001年,云南白药委托拜尔斯道夫（常州）有限公司生产创可贴,将云南白药在外伤治疗上的优势和拜尔斯多夫材料科学方面的优势结合起来,推出新的白药创可贴。云南白药创可贴在产品设计理念上进行创新,把具有良好止血愈合效果的云南白药散剂加入使用方便、易于携带的创可贴产品中,开发小创口产品市场,使产品有别于邦迪创可贴的单纯止血功能。与邦迪创可贴相比,云南白药创可贴在止血的功能外,又额外添加了促进伤口愈合的功能,打开创可贴后,伤口不会泛白,在效果上优于前者。

2004年,云南白药又开始与3M和一些日本、中国台湾地区的公司合作进行材料科学方面的研发,开发公司的新产品。"含药的创可贴"的品类创新和"有药好得更快些"的品牌定位帮助云南白药创可贴迅速成长。

2001年云南白药创可贴的销售额只有3000万元,到2007年时,白药创可贴的市场占有率已经达到了40%,领先于邦迪的30%。2012年,云南白药创可贴销售额已经接近5亿元。

成功开创了"含药创可贴"品类之后,云南白药又瞄准了日常护理市场。在中国,经常有人在刷牙时牙龈出血。有人曾将云南白药的散剂洒在牙膏上刷牙,以此来治疗牙龈出血。传闻,再加上将白药的优势和普通创可贴结合起来产生的制胜效应,推动云南白药集团尝试着把云南白药的活性物质提取出来,放到牙膏上。同普通牙膏相比,由于药理作用,云南白药牙膏的优势体现在以下三个方面:刷牙时碰到牙龈出血问题的人,使用云南白药牙膏之后,牙龈不再出血,这是白药止血功能的作用;长期以来因为工作压力比较大,容易患口腔溃疡的城市白领,由于云南白药的愈伤功效,可以不再为这种问题苦恼;云南白药对牙龈的护理作用,可以有效预防牙龈的萎缩。

2004年第四季度,云南白药牙膏在云南开始试销。借助于"牙龈出血,快用云南白药牙膏"的精准定位,在没有进行大量宣传推广,同时销售渠道也主要限于药店的情况下,高达22元的云南白药牙膏迅速打开市场,单季度单省的销售额便突破200万元。

2005年,云南白药牙膏向全国铺开,当年销售额即达到8000万元!随后几年,销售额依然保持快速增长状态,到2008年,销售额达到5亿元。2012年,云南白药牙膏销售额突破20亿元。

云南白药创可贴和云南白药牙膏的成功,关键在于充分挖掘和利用了云南白药品牌百年积累的"止血"的心智资源来进行品类创新。但是,云南白药集团似乎并未意识到这一点。最近几年,云南白药集团陆续推出了面膜、沐浴露、洗护发产品等。消费者是否需要一款"能止血的面膜""止血的洗发水和沐浴露"?盲目延伸、不断透支百年积累的"止血"心智资源,云南白药现在的管理队伍又能给我们的子孙留下怎样的品牌遗产和心智资源？这一切都是问题。

品类聚焦与创新，今麦郎逆势增长的奥秘

继2015年中国方便面总体销量下滑12.5%之后，2016年中国方便面销量再度同比下滑6.75%，从2011年开始，这已经是方便面行业连续第6年销量下滑。行业处于寒冬，四大巨头表现各有不同，其中三家包括康师傅、统一和白象方便面的销量都在持续下滑，唯独今麦郎方便面一家自2014年开始已经连续三年保持增长，2016年更是取得了同比增长18%的惊人业绩。逆势增长凭什么？奥秘就在于今麦郎方便面对品类战略的深刻理解和坚定实施。

聚焦主业，确立主干

提到"今麦郎"，大多数人第一个想到的都是"方便面"。从方便面起步，今麦郎逐步延伸，进入了面粉、挂面、粉丝等多个品类。在多元扩张的过程中，今麦郎的核心业务方便面销量连续多年持续下滑，市场份额逐年下降，从中国市场第二、份额仅次于康师傅沦落到位居统一和白象之后、名列第四。延伸业务面对各自品类中的专家对手，如挂面中的陈克明、面粉中的五得利、粉丝中的白家等，今麦郎的表现更加乏善可陈。2011～2013年，今麦郎方便面已连续三年亏损。

2014年，里斯中国开始协助今麦郎实施品类战略，确立品类主干成为我们首要解决的课题。今麦郎以方便面起家，方便面是其所有业务的核心；其他业务或者基于产业链或者基于渠道，均依托方便面业务发展而来，无论市场份额还是品牌认知，方便面都是今麦郎的根基和主干。企业需要将资源重新聚焦到方便面上，对方便面中的品类分化与进化进行更深层次的挖掘。

里斯调研发现，方便面在消费者认知中被按照价格划分为1元及以下、1.5元、2.5元和3.5元以及3.5元以上四个细分品类。其中，2.5元和3.5元是整个市场的主流，销量大，利润高，增长稳定；1.5元替代1元成为三、四线市场的主流，增速最快；1元及以下市场迅速下滑，3.5元以上市场虽然增长快，但基数较小。从竞争态势来看，康师傅、统一在2.5元和3.5元市场上针锋相对；1.5元市场则主要由白象和今麦郎旗下的子品牌今野拉面主导。就今麦郎自身而言，销量多半是由1.5元的今野拉面贡献的，同时企业多年深耕三、四线市场，传统渠道基础良好。综合这些因素，里斯推动今麦郎聚焦资源投入到1.5元方便面品类中，打造主导1.5元面品类的领导品牌。

但是，聚焦1.5元面是不是一种短期有利、长期有害的行为？在消费升级更为明显的一、二线市场上，2.5元和3.5元面已经成为市场主流，利润情况更是远好于1.5元面。聚焦后的今麦郎是不是会更加远离主流市场？本已亏损的财务表现是否会进一步恶化？从长远来看，这是否会导致今麦郎在后续竞争中处于更加不利的局面？

千里品牌路，始于退一步。在里斯看来，聚焦中低价面，迅速取得在细分品类的主导地位，提升利润，正是为了以后更好地参与高价面的竞争。以里斯的全球经验来看，几乎在每一个行业中，通常企业的现有核心业务不仅在目前，也会在未来相当长的一段时间内都是企业成长的最主要动力，而且这种成长幅度很可能超乎想象。企业最容易犯的错误之一就是低估现有业务的增长潜力，高估新兴业务的发展前景。风物长宜放眼量，但是过多的将眼光放在未来而忽视了目前，不断地将精力和资源投入到所谓的新的增长点上去，忽略了深入挖掘现有业务的增长潜力，很多企业往往会因此陷入困境。2.5元和3.5元面确实是一、二线市场上的主流，但1.5元面来自三、四线市场的消费升级，市场更广，增速更快。更重要的是，从2013开始康师傅和统一在2.5元和3.5元上的价格战愈演愈烈，双方在产品、广告、渠道等多个方面"不计成本"地投入。对于今麦郎来说,自身优势在中低价面上,而且在未来相当长的一段时间内中低价面还会是市场主流。收缩战线,聚焦资源推广1.5元面品类,夯实根基,创造利润,固本培元,才能为企业源源不断地提供养分,从而保留未来参与其他价位段竞争的可能。

战略源自有效的战术

深入市场一线去寻找有效的战术,再将其作为一致性的战略方向,实施有利于该方向的变革,从而将有效的战术发展成为成功的战略,这种方法我们称之为"自下而上"的战略规划方式。针对在1.5元面市场上反超白象、重新建立主导地位的课题,里斯在市场走访中发现了一个有效的战术机会:今麦郎的一款低价面——今野拉面每包面重100克,高于竞品白象低价大骨面的85克面重,"加量不加价"。今野在上市初期表现很好,但是随后遭遇了白象方便面的有力阻击。白象以"买六送一"的促销战术有效遏制了今野拉面的增长势头。双方的这个缠斗过程使得我们意识到"加量不加价"和"买六送一"切合低端消费者需求,是一个有效的战术机会,里斯中国决定推动今麦郎将此上升为企业战略。2014年下半年,"今野拉面"正式更名为"大今野拉面",以独立品牌的形象出现,凭借"大面块"的定位重新出击中低价面市场。我们确定了"大今野,大面块,6袋顶7袋,一箱等于多4袋"的传播口号,并进行了大力推广。新战略启动当月,大今野就实现了同比增长,并在接下来的一年中持续高速增长,一年半后到2015年年底大今野在1.5元面市场上已经超越了白象,重新成为这一市场的领导者。

品类创新,打开增长空间

随着大今野在中低价面市场上重获主导地位,今麦郎方便面的销售额止跌回升,企业亏损减低,步入良性发展的局面,但是正如我们之前分析的，2.5元和3.5元面销量大、利润高，今麦郎方便面要想获得进一步发展，必须在这个细分品类区间取得突破。

方便面起源于日本，由日清的创始人吴百福发明，日清的发展史更是代表了整个方便面的发展史。日本方便面市场起步早，竞争激烈，日本市场竞争中演化出来的品类分化与进化历程对国内同行企业有很大的借鉴意义。里斯对日本方便面市场和日清、明星等代表性企业发展历程进行了系统、详细的梳理研究，发现了一个有趣的现象：在日本这样一个追求精致小巧的市场中，市面上的方便面包装中竟然有很多"大盛""特盛""1.5倍""2.0倍"规格，即通过对普通包装增加分量来吸引消费者。结合在日本这样一个高度发达的市场上，大包装方便面还有立足之地，以及大今野在中国方便面低端市场上的成功表现，里斯初步判断在中国方便面市场上的中高价位段以大包装来切入市场或许也是可行的策略。经过反复的研讨和推敲，2015年今麦郎正式在2.5元和3.5元面市场上分别推出了"一袋半"和"一桶半"，以增加一半的分量，做超大包装来与康师傅、统一进行竞争。

不出所料，"一袋半"和"一桶半"的推出大获成功，率先试点上市的东北市场供不应求，很快出现了脱销的局面。今麦郎加快改造各地工厂的原有生产线，将"一袋半"和"一桶半"自东北向华北、华中市场逐步推广开来。凭借这两个品类创新产品，今麦郎方便面在康师傅和统一一统天下的中高价袋面和桶面市场上，顺利打开一道突破口并一路高歌猛进，成功帮助今麦郎成为2015年整体下滑的方便面市场上唯一保持增长的企业，并在2016年助力企业实现了18%的惊人增长。

从2014年年初到2016年年底，经过三年的发展，今麦郎方便面的品牌架构逐步变得清晰，一个细分品类聚焦使用一个子品牌，一个子品牌聚焦代表一个品类，"大今野"代表1.5元袋面，"一袋半"代表2.5元袋面，"一桶半"则代表3.5元桶面。

品类聚焦和品类创新不仅推动今麦郎方便面在过去三年取得了销量上的逆势增长，更重要的是彻底改善了企业的盈利状况，从三年前的持续亏损，到2016年高达数亿元的净利润，今麦郎方便面发生了根本性的变化，迎来了企业历史上最好的发展局面。自2015年以来，康师傅和统一在5元以上超高端方便面市场上推出了众多新品，之前被笼统界定为"3.5元以上"的市场正在逐步分化成为多个新的品类，复兴路上的今麦郎方便面在继续聚焦于现有品类的同时，也密切关注着新兴品类的发展趋势，随时准备着以品类创新者的角色投入到竞争中去。

统一方便面，开创"老坛酸菜"新品类

1993年，中国大陆市场上曾经上演了一场方便面品类开创者的争夺战，交战的一方是资金雄厚的台湾方便面市场的领导品牌统一，另一方则是从未生产过方便面的康师傅。今天，这场战争的结果已是众所周知，而且已不重要，但康师傅是如何赢得这场战争的值得我们探究。

其一，在品牌方面，生产商顶新集团专门为方便面起用了"康师傅"这个名字，同时以一个健康、专业的卡通形象推出品牌，这个形象成为了康师傅的象征性视觉；相比之下，统一则逊色得多。

其二，康师傅把握住了主流市场。经过调查，顶新集团发现大陆消费者最喜欢的面条口味是牛肉味，第二、第三是排骨和鸡肉口味，第四才是海鲜口味，因此确定推出牛肉味方便面。统一推出的则是其在台湾市场上最畅销的鲜虾面，结果台湾口味的鲜虾面难以吸引大陆消费者，推向市场后遭遇冷淡。

其三，抢先占据心智。借助前面两点优势，康师傅一上市就取得了空前的成功，随后，康师傅展开了大规模的广告攻势，在中央电视台台湾电

视剧播出前的黄金时段播出，抢占消费者心智。一时之间，康师傅方便面的广告铺天盖地，最多的时候平均每天播出上百次电视广告。在京城一炮打响后，顶新集团立即挥师四面出击，大举占领全国市场，到1994年上半年，该集团总投资规模超过了3亿美元，企业达到12家，遍布北京、天津、济南、上海、广州等地，日产康师傅方便面达330万包。康师傅以迅雷不及掩耳之势，迅速建立起在中国方便面行业的霸主地位。在高档价位方便面的市场份额中最高时占到98%。"最重要的是我们抓住了先机，抢到了'第一品牌'形象。"多年之后，谈及康师傅方便面成功的经验，顶新集团副总裁李家群如是说，"若是换在今天，任何一个品牌也不可能做到这样。"

此后的十几年里，康师傅方便面一直保持了对统一方便面的领先优势。根据上市公司年报，统一企业2008年方便面业务收入为22.55亿元，并出现7.8%的下滑，而同年康师傅方便面业务销售额约为143亿元（20.85亿美元），同比增长40.10%。

正是在此背景下，统一启动了重塑方便面竞争力的"凤凰计划"，核心就是"聚焦"。首先是精简产品线，统一方便面有100多个单品，销量最高的单品仅有1.2亿元，而康师傅方便面的代表品项——红烧牛肉面就有50多亿元。统一对产品进行了大规模的精简，砍掉90%的产品，只保留10个单品，然后打造代表性品项，把在四川销量第一、在全国具有较好接受基础的老坛酸菜面作为统一方便面的代表性品项在全国推广。

和所有聚焦品类战略推进初期的情况一样，统一面临着巨大的痛苦和压力：首先是生产能力过剩，70%的产能闲置，企业每月承担数千万元的固定成本；然后是销量难以支撑数额巨大的营销成本；继而是渠道动荡，随着产品数量减少，渠道商大面积流失。由于销售业绩短期的滑坡，营销团队士气低落。

幸运的是，统一的品类聚焦战略得到了企业最高层的认同和支持。通过 2009 年的运作，老坛酸菜口味单品在试点的区域市场上获得了 5 亿元的销量，在全国口味排行榜上列第四位。这一成绩极大地鼓舞了企业内部的信心。2010 年，老坛酸菜面成功走向全国，单品实现 20 亿元的销售额，占了统一方便面全年销售额的近六成。随着生产线满负荷运转，利润回升，营销团队士气回升，统一方便面进入了良性循环。

统一企业在 2010 年年报中特别介绍了方便面品类聚焦战略的成就："方便面事业更是用两年的时间推动产品组合调整，将原本产品品项筛减，保留其中具有竞争力、符合发展策略的品项，聚焦经营，展现了惊人的成果，使得统一方便面重回市场主要竞争品牌行列，'老坛酸菜'成为本公司拳头产品，同时跻身中国市场主流口味行列。"

2012 年，凭借高度的品类聚焦战略，统一老坛酸菜牛肉面单品销售额超过 40 亿元，进一步缩小了与康师傅的差距。

王老吉：开创凉茶品类，赢得凉茶大战

1995 年，加多宝旗下拥有两个品牌：一个是企业自有的加多宝品牌，另一个是向广药集团租借的王老吉品牌，租期到 2012 年。在起步的七八年间，加多宝同时运营两个品牌多种产品，包括加多宝绿茶、红茶和王老吉凉茶等，主要市场集中在广东区域，表现平淡。

2002 年，加多宝开展了"再来一瓶"的促销活动，使得加多宝茶饮料的销量大幅上扬，也让公司决策层错误地对销量做了过于乐观的预测，准备了大量的库存。但是统一和康师傅随即加大市场推广力度，对加多宝进行封杀，到 2002 年 11 月的时候，加多宝茶饮料销量大跌，这种状况一直持续到 2003 年夏天。加多宝茶饮料库存大量积压，企业亏损严重。与此

同时，王老吉凉茶在广东、浙南地区销量稳定，连续几年维持在1亿多元，盈利状况良好。

2003年，加多宝集团做出了一个重要的决定：砍掉加多宝品牌，集中全力运作王老吉凉茶。

广东和浙南地区历来有饮凉茶的习惯，王老吉作为第一个罐装凉茶品牌，以"健康家庭永远相伴"为品牌诉求，抢先进入市场，奠定了良好的发展基础。但是在这些地区以外，消费者并没有饮凉茶的习惯，提到凉茶消费者往往联想到"凉白开""隔夜茶"等。

面对全国市场消费者对凉茶品类缺乏心智认知基础的局面，王老吉凉茶如何从区域走向全国？加多宝在研究中发现，广东和浙南的消费者主要在烧烤就餐、家庭聚会等场合饮用红罐王老吉，消费者购买红罐王老吉是为了"去火"，如希望在品尝易上火食物时减少上火情况的发生等。进一步对全国市场进行的研究表明，受益于中国几千年的中医传统，"去火"的需求各地均有，这就意味着凉茶以及凉茶的代表品牌王老吉具有走向全国的可能。

2003年夏天，王老吉调整品牌定位，停止了对"健康家庭永远相伴"的推广，改以"喝了不上火"为主题进行推广。电视广告的主要场景设置在家庭内部，以小孩子玩游戏父亲很上火、父子一起玩游戏妈妈很上火，但是喝了王老吉一家三口其乐融融的场景，来体现王老吉"喝了不上火"的定位。围绕新的品牌定位展开推广之后，加多宝公司发现反馈最好的是餐饮渠道，而非家庭消费。2004年，加多宝再次对王老吉的品牌定位进行调整，以"怕上火喝王老吉"为主题，以火锅、熬夜看球、油炸食品、烧烤等场景为主，借助消费者对这些场合易上火的认知，进行推广。

至此，王老吉的品牌定位最终确定。聚焦于凉茶品类、怕上火定位，加多宝在运营方面展开了一系列调整，产品方面聚焦红色罐装一个品项；在渠道方面，大力开拓餐饮渠道，重点选择湘菜馆、川菜馆、火锅店、烧烤店等；在促销活动方面，开展"炎夏消暑王老吉，绿水青山任我行"等和"怕上火"密切关联的活动……这一系列措施有效地改变了其他区域消费者对凉茶品类的原有认知，王老吉突破广东和浙南，开始走向全国。

在全国市场初步建立起影响力之后，王老吉的一项重要工作是加强对凉茶品类的推广。2006年6月25日，在以王老吉为首的众多凉茶品牌的推动下，由粤、港、澳三地共同申报的18个凉茶品牌54个秘方及术语，被认定为首批国家级非物质文化遗产，将受到《保护非物质文化遗产公约》及我国有关法律的永久性保护。2009年6月16日，王老吉和广东省食品行业协会主办以"弘扬中华文明，传承凉茶文化"为主题的"凉茶文化传播全球行"活动，致力于推进凉茶文化内涵全球性的传承发扬，推动凉茶行业在世界范围内的健康发展，推动全球广大消费者进一步加深对凉茶这一中华民族饮料文化与历史渊源的了解与支持。

凭借对王老吉品牌的聚焦、对凉茶品类的聚焦、对"怕上火"定位的聚焦，2011年王老吉凉茶年销售额已经超过150亿元，成为中国最畅销的罐装饮料。

然而在2012年，加多宝集团与"王老吉"商标所有者广药集团的纠纷却让王老吉品牌陷入毁灭性的危机。

2012年5月9日，中国国际经济贸易仲裁委员会裁决，鸿道集团（加多宝的母公司）停止使用"王老吉"商标。据此，广药集团收回红罐王老吉商标使用权，将其交于下属子公司——新组建的"王老吉大健康"公司进行运作。

加多宝公司的布局显然占据先机：推出自有品牌"加多宝"凉茶，并在渠道、生产、人员、资金等方面拥有绝对优势。王老吉大健康公司则面临无团队、无渠道、无产能的"三无"境地。

从有形的资源来看，王老吉和加多宝的"凉茶大战"是一场兵力悬殊的战争，加多宝呈压倒性优势，王老吉在团队、生产、渠道、资金和舆论上与对手相比存在巨大的差距，这也是诸多业内人士认为"王老吉必死"的原因所在。但王老吉的无形资源，同时也是其最大的优势——品牌的心智资源却被绝大多数人甚至是很多行业专家所忽视。

经过多年的消费者教育和市场积累，"王老吉"品牌已经成为凉茶品类的代名词。提到凉茶品类，消费者首先想到的品牌就是"王老吉"，王老吉品牌占有凉茶品类绝对第一的心智份额。"加多宝"作为新创立的品牌，心智份额远远无法与"王老吉"相比。以2013年研究机构益普索对凉茶品类进行的消费者心智认知研究为例，即使当时加多宝进行了铺天盖地的宣传，而王老吉的产品几乎从市场上消失，但在"凉茶品牌第一提及率"这一反映心智认知的重要指标上，"王老吉"仍然高达70%，遥遥领先于其他品牌。

实际上早在2012年，里斯先生在接受《中外管理》杂志采访时就极具预见性地指出，短期内加多宝可能凭借有形资源的优势占得先机，但王老吉品牌在中国消费者心智中早已成为凉茶品类的代表，这是加多宝无法比拟的，因此长期来看更看好王老吉。

明确了双方的优劣势及整体竞争环境之后，王老吉确定了整体竞争思路：心智中的防御战，市场中的进攻战。在消费者心智中，王老吉是绝对的领导者，因此处于防御战态势，目的是维护并巩固自己的心智份额。加多宝作为新品牌，展开的是进攻战，目的是抢夺王老吉的心智资源，尽快提高"加多宝"品牌的心智份额。在市场中，竞争格局则完全相反。加多宝占据庞大的渠道和终端资源，处于防御地位，意图在于最大程度上减少王老吉产品与消费者的接触，在市场中封杀王老吉。王老吉从零开始，没有任何渠道资源，处于进攻地位，目的是增加铺货率，将心智份额转化为市场份额。围绕这个思路，王老吉设计了心智和市场两方面的战术方案。

心智防御战

为了让消费者尽快接受新品牌,加多宝向消费者灌输"现在的加多宝就是以前的王老吉,只是名字换了而已"。也就是说,加多宝定位为"改了名的王老吉",并进行了大规模的广告、公关和推广活动,传播"王老吉改名加多宝""全国销量遥遥领先的红罐凉茶改名加多宝"这样的信息。通过这种方式,加多宝希望达到转移王老吉的心智资源、完成"改头换面"的目的。这一战略起到了很好的效果,也造就了王老吉和加多宝两个品牌并存的竞争格局。

既然对手宣称自己是"改了名的王老吉",那么对于王老吉来说,最好的封杀武器就是"王老吉"这三个字。"王老吉"的存在就表明大家熟知的红罐凉茶没有改名,依然是王老吉,而对手其实是假冒的王老吉。换句话说,面对加多宝的"换头术",王老吉最佳封杀策略是果断亮明自身"正宗王老吉"的身份,将对手重新定位为"假冒王老吉"。由此,王老吉确立了阶段性的传播语:"不是所有的红罐凉茶都是正宗王老吉。正宗王老吉,186年,独家秘方。怕上火,认准正宗王老吉。""正宗王老吉"亮明了自身身份,"不是所有的红罐凉茶"将矛头明确指向加多宝,使广告语的信息传递更准确;"186年,独家秘方"是加多宝所不具备的品牌历史,也是王老吉和加多宝两个品牌根本差异点所在;"怕上火,认准正宗王老吉"是对之前王老吉品牌广告语的继承。这些语句组合在一起,有力地传递了"我才是王老吉"的信息,配合广告、公关和终端的传播物料,维护了王老吉品牌的心智份额,厘清了消费者认知,阻止了加多宝对王老吉品牌心智资源的侵蚀。

王老吉领先的心智份额背后还有深层次原因:代表了正宗的凉茶。凉茶是中华民族具有悠久历史、防病治病的饮料,"正宗性"是消费者选购时最关键的考虑因素。虽然王老吉本人在清朝道光年间发明凉茶救人的事迹在广东之外并不为人所熟知，但发明凉茶的事实所赋予的"凉茶发明者"身份让王老吉具备了天然的正宗性和排他性。就如同我们虽不了解可乐的特征，但作为可乐的发明者，天然的正宗性让人们买可乐时会首选可口可乐。王老吉也一样，作为凉茶的发明者，自然而然就代表了最正宗的凉茶，成为消费者的首选。因此，王老吉确定了"凉茶发明者"的定位。围绕这个定位，王老吉进行了一系列巩固、强化心智认知的动作。

2014年11月，广东省食品行业协会认定王老吉为"凉茶品牌始祖"，并颁发证书。在中文里，"始祖"是对"发明者"这一概念更为简明、通俗的表达，更有利于向大众传播。这一认证使得王老吉可以将潜在的"凉茶发明者"认知上升到品牌定位的高度进行大众传播，牢牢占据"凉茶始祖"的心智高位。

公关对于心智认知的影响，可以起到四两拨千斤的作用。基于"凉茶发明者"的定位，王老吉围绕秘方和历史两个关键点，先后运作了秘方封存、凉茶博物馆、公益传统、吉尼斯认证等一系列公关事件。

法律在这场战役中也成为捍卫品牌资产的手段。由于对手的一些广告和推广活动（例如改名广告、十罐凉茶七罐加多宝）涉嫌虚假宣传，而法律具有强制执行力，是对违法行为的最好回击。另外，涉及商业纠纷，大众对两方面都缺乏信任度。这个时候，法院作为权威、客观的第三方对影响消费者认知发挥着重要作用。对手虽掌控着大量的传播资源，但王老吉则通过将纠纷诉诸法律，利用"改名案""虚假宣传案"和"红罐案"等法律判决，捍卫自己的品牌资产，扭转不利的舆论形势。

红罐案判决后，王老吉的应对也体现了"心智防御战"的原则。加多宝在败诉后，继续打出"悲情牌"——通过"做凉茶全球第一，打官司全球倒数第一"的广告直接将矛头指向王老吉。这其实是心智落后一方的有效战术手段，希望通过关联领导者达到传播效果，进一步转化王老吉的心智份额。而作为心智领导者，则应该尽可能避免回应，否则无论说什么，得利方只会是关联者。此次，王老吉在广告传播上以不变应万变，对加多宝的广告采取了不理睬、不回应的态度，有效削弱对手传播效果。

针对加多宝通过提起上诉、发布专家说法、全球聘请最好的律师打官司对外传递终审翻案信心，意图最大化减弱和延缓一审判决对品牌造成冲击的做法，王老吉则针锋相对，发表针对王老吉红罐装潢案成功维权的声明，并通过权威专家解读判决，说明翻案已不可能。此外，王老吉还乘胜追击，对加多宝及其利益相关方持续施加影响和压力。例如，一审判决后，王老吉向加多宝的经销商发出律师函，警告他们继续售卖红罐加多宝凉茶已属违法，极大动摇了加多宝经销商体系的信心。

"红罐案"也成为了这场举世瞩目的"凉茶大战"的分水岭。在此之前，王老吉虽处于上升趋势，但并未确立优势。加多宝更改为金罐之后，代表"正宗"的红罐成为王老吉品牌的独有资源，一举奠定了之后的市场基本格局。这其中的根本原因在于，经过多年的市场培育，红罐已经成为王老吉品牌的视觉锤，很大程度上代表了"正宗凉茶"。加多宝虽然失去了"王老吉"这一品牌名，但并未完全失去"正宗凉茶"的代表性，然而失去红罐则彻底宣布了加多宝品牌与"正宗"无关。这也从另一个侧面说明了在品牌传播过程中，视觉独特而强大的力量。

市场进攻战

在市场方面，作为领先者的加多宝通过提前教育消费者、向渠道压货、排他性协议、销售人员考核等多种方式做了严密的部署，意图封杀王老吉。面对加多宝的封锁，王老吉无论是一线人员数量、所掌握的渠道资源和财力都处于下风，面临严重不对称的竞争态势。王老吉将"聚焦"作为市场进攻战的基本策略：聚焦产品、聚焦资源、聚焦市场、聚焦渠道、聚焦目标消费者。

1. 聚焦产品

兵法向来讲究"兵马未动，粮草先行"，指的就是在进攻敌人之前，自己先要做好准备工作。对于王老吉来说，聚焦产品就是最重要的战前准备工作。由于历史原因，"王老吉"品牌曾经对外授权，使用在其他的食品品类上（例如绿豆爽），广药集团也仍然准备继续授权核桃露等产品使用"王老吉"品牌作为背书。这样做的问题在于，这些产品的存在会影响消费者认知，削弱王老吉品牌对凉茶品类的代表性。对此，王老吉实施了产品聚焦策略，弱化或停止了对外的品牌授权，并将王老吉产品聚焦到普通装凉茶上，为顺利实施市场进攻战做好了准备工作。

2. 聚焦资源

克劳塞维茨说过，如果不能取得绝对的优势，就应该在决定性的地方取得相对的优势。对市场进攻者王老吉来说，不可能与加多宝进行全方位的对攻、搞"军备竞赛"，必须将资源聚集到决定性的地方，这个决定性的地方就是终端。终端最为贴近目标消费者，无论如何在电视上进行广告轰炸，最后必须要转化为终端的购买行为。王老吉在电视等空中媒体上不与加多宝做正面交锋，仅保持必要的传播声量，而将传播资源集中到终端店面，做好海报、堆头、墙贴、产品陈列，形成对加多宝的相对优势。渠道资金也要得到重点保证，王老吉在渠道进场费、陈列费等方面相比加多宝有过之而无不及。终端资源的相对优势保证了王老吉的市场进攻战可以顺利进行。从另一个方面来说，市场进攻战也是对心智防御战的最好配合。由于收回品牌后王老吉红罐凉茶在市场有过真空期，这给了对手改名广告以可乘之机。因此，对王老吉来说，铺渠道就是铺心智，王老吉红罐凉茶出现在渠道里、摆在货架上，就是对加多宝最有力的回击。

3. 聚焦市场

王老吉对于全国市场的布局不是全面摊开的,而是分清主次,抓住重点,聚焦核心市场。全国凉茶消费最大的两个省是广东和浙江,合计占全国凉茶消费近1/3的份额。浙江是加多宝的大本营市场,广东是全国凉茶第一大市场,也是王老吉品牌的发源地,心智优势相比其他区域更为明显。因此,王老吉聚焦以广东为核心的华南市场,率先做到广东省和华南市场第一,奠定了全国市场的胜局。

4. 聚焦渠道

加多宝战线长,渠道上必然存在薄弱之处,这些薄弱之处就是王老吉最佳的进攻发起点。在渠道区域布局上,加多宝将重心放在市区,乡镇和农村相对薄弱;在渠道类型布局上,加多宝的重点是餐饮和大卖场,规模小但数量庞大的便利店、夫妻店就无法顾全。最好的进攻是从无人的地带展开,王老吉针对加多宝的这些薄弱环节,避其锋芒,将进攻战的突破重点放在农村区域和各类小店、夫妻店、便利店,占据主导,营造氛围,积累"王老吉归来"的口碑,再对市区以及餐饮、卖场进行包围。

5. 聚焦目标消费者

王老吉瞄准80后、90后饮料购买重点人群,聚焦他们的生活方式和生活形态。从2013年开始,其传播形象更时尚和年轻化,并创造多种内容来进行营销。

截至2014年年底,王老吉在全国的终端已近600万,大型商超、批发、小店铺货率超过85%,餐饮超过60%,与加多宝渠道上的竞争态势已经持平,基本取得了市场进攻战的胜利。

2015年,饮料行业整体不景气,凉茶行业的销售额与去年持平。在恶劣的大环境下,王老吉销售额同比增长25%,远超行业平均水平,而主要竞争对手销量则大幅下滑。王老吉品牌的市场份额也超越对手,重回领先地位。未来，王老吉品牌仍将继续强化对凉茶品类的主导，实现心智份额与市场份额的高度一致。

小米：开创互联网直销手机

2010年，小米横空出世。作为中国手机市场上的后来者，在短短几年之间获得爆发式增长，成功获得中国智能手机市场领先地位，"小米模式"一度引发企业界广泛关注和学习。

对于小米的成功经验，"互联网思维""粉丝文化"是最常见的解读。然而，我们认为这些仅是表象，并未真正揭示其成功的本质。尽管小米有诸多创新，但其成功的关键，无疑是开创了一个全新的品类。

开创互联网直销手机

小米诞生前，无论在市场上还是心智中，高端智能手机品类已被苹果、三星牢牢占据，而1000～2000元的大众市场上却充斥着大量山寨品牌，市场上、心智中均不存在领导品牌。

从整体手机市场来看，存在两大挑战：其一，渠道成本高，手机销售重度依赖传统的线下渠道，线上渠道占比极低。各品牌通过多年经营，在各级市场上建立起各自的销售渠道和网络。同时，为抢夺渠道资源不惜重金投入，渠道成本随之逐年攀升。以代理渠道为例，从省级到市级再到县级，层层下来渠道成本高达50%以上。其二，广告和营销成本极高。同质化的竞争使得手机品牌过度依赖广告和促销，分摊到每台手机的广告费用惊人。

作为新品牌，小米一方面在线下渠道缺乏基础，另一方面没有包袱，因而可以在渠道上进行创新，极致地聚焦于互联网线上渠道，从而开创了互联网直销手机品类，成为中国第一个只在互联网上销售手机的手机品牌，成功推动了智能手机品类的分化。这种方式相比传统线下渠道省去了大量的中间环节，进而节约了渠道成本。此外，品类的创新使小米获得了极高的媒体关注并产生了巨大的公关效应，使得小米品牌不依赖于广告和营销的投入而建立起品牌。以上两点保证其能在相同价格的情况下，造出更高性价比的产品。

创新使得小米在渠道上避开了与众多强大竞争对手的正面竞争，而传统品牌在重金布局线下渠道的情况下，无法转而主攻线上渠道。

作为新品类开创者，小米在运营方面也进行了良好的配称。首先，是产品上的极致聚焦。

主要手机厂商的普遍做法是每年推出多款新品，通过机海战术参与市场竞争以赢得份额。而小米却集中资源，聚焦打造核心品项。初期时每年只推出一款产品，并通过对核心的MIUI操作系统进行快速更新迭代，不断优化产品，确保每款产品的竞争力，这样可以避免同时开发多款产品带来的研发资源的浪费。

其次，是传播上的创新。

主要手机品牌的传播推广主要依赖传统的大广告模式，在空中和地面进行大量广告投放，每年广告费用动则几千万甚至上亿元。而小米在传播推广上，放弃了传统的大广告模式，在最初的两年甚至实现了广告零投入，转而通过聚焦公关传播，利用社交媒体、自媒体的快速兴起，开展了大量的事件营销及公关活动，用极低的成本实现了高效的传播。

一方面，通过利用微博、微信、论坛等平台，小米成功地集聚起一批高活跃度的粉丝群体，包括雷军、黎万强在内的小米高管都在开发者论坛、微博上亲自跟用户互动。这些积极互动，使小米品牌在广大消费者中逐渐建立起口碑。

另一方面，创始人雷军利用自身的名人效应，频频为小米手机代言，如在微博上制造话题，吸引众多消费者参与评论转发，很好地助力了品牌传播。

一系列公关传播引发了巨大的公关效应。一时间，小米成为智能手机市场最热门的话题之一，品牌知名度得到了极大的提升。

全新的品类配合独有的运营配称系统，确保了小米相比竞争对手更具竞争优势。红米手机和小米手机迅速成为1000~2000元大众市场上的代表品牌。短短4年时间，小米销售额超过700亿元，2015年公司估值一度高达450亿美元，成为中国最受瞩目的明星企业之一。

战略隐患

然而，在此过程中，处于光环之下，如日中天的小米，已开始暗藏着诸多的战略隐患。

第一，火箭式启动，过快透支品牌势能。从内部来看，品牌以过快速度增长，将对企业的供应链、研发、生产、营销、售后服务、人才等各个环节带来空前的挑战，更无法真正"做到极致"。从外部来看，媒体已经习惯了小米的超高速增长，一旦放缓，负面舆论就会涌出。而外界对高增长预期的压力又会无形中牵引企业追求高增长目标，进一步透支势能。

第二，定位缺失。事实上，小米缺乏一个真正进入消费者心智的定位。"高性价比"是一个普遍的利益点，并非小米所独有，而"为发烧而生"则是一句空洞的口号，二者均难以扎根消费者心智。

第三，过早的产品线延伸。2013年年底，刚在智能手机市场上有所斩获的小米，便开始进行生态链布局，先后推出平板、电视、盒子、路由器、耳机、体重秤、空气净化器等产品。从短期来看，这些产品的推出有助于提升销售额，但从长期来看，这些产品将模糊消费者对小米的认知，削弱小米品牌的专业性和品类代表性，从而削弱小米在手机品类上的竞争力。

危机终于在 2015 年爆发，小米当年不仅未能实现销售目标，反而同比销量下滑，一时间各种负面报道席卷而至。

摧毁战略或转型

遗憾的是，尽管雷军在 2015 年年底的总结会上谈及小米定了过高的增长目标招致负面影响，提出去 KPI 化。然而，定位缺失以及产品线延伸的错误并未得到及时矫正，反而，在增长的压力下，小米开始步入转型之路。

线下扩张。由于线上零售在整体零售中的比例较小，而手机市场的增长主要来自四、五线市场，2016 年小米开始改变以往聚焦于线上渠道的策略，雷军声称 2017 年将开设 200 家实体店。雷军在公司年会上更表示："我们的真实商业模式是科技业的无印良品，即在做产品品牌的同时也做零售品牌。"从品类战略的角度看，今天小米所做的大部分决策，都是在摧毁原有的品类战略，小米可以成功实现转型吗？

首先，大规模发展实体渠道将使得小米处于战略骑墙的境地：原有聚焦线上渠道预留的渠道利润空间不足以支撑线下渠道经销体系的发展，只能发展直营的"小米之家"。为了小米之家所谓的坪效比，必然进一步开发更多产品，加剧产品线延伸，从而进一步稀释小米作为手机的代表性，一旦品牌缺乏代表性，长期看将影响"小米之家"的客流量。

尽管线上渠道在整体零售中的占比不高，但品类的开创者有责任推广、培育、扩大品类，吸引更多品牌加入，这正是小米最初做的，而不应该追随对手，抹杀自己的差异化，陷入对手擅长的领域。

反观 OPPO 和 vivo，在前两年"互联网思维"大行其道，各品牌都纷纷拓展线上渠道之时，二者选择站在领先品牌的对立面，深耕线下渠道，至今在全国布局均超过 10 000 多个网点。自 2016 年以来，中国智能手机市场回暖，线下渠道也重获增长动力，OPPO、vivo 成功实现反超。

其次，在心智中更换品类成本高、风险大。小米作为一个"手机"品牌已经深入人心，要在心智中更换为"零售店"成本极高，且风险极大。更何况，被小米当作榜样和标杆的"无印良品"本身也难言有多成功，目前也面临增长乏力的困境。

对于小米而言，真正的挑战，或许才刚刚开始。

CATEGORY STRATEGY

第 10 章

10

品类预言回放

品牌战略的首要原则在于聚焦。通常情况下，只有当企业的首个品牌在目标市场或者所在品类占据了主导性地位的前提下，才应该考虑针对新的市场和品类推出新的品牌。

从品类的角度去思考，企业对未来的机会以及每个阶段品牌战略的重点将豁然开朗，同时通过对品类战略思想的理解和掌握，将帮助我们对企业的战略做出很好的评估和预判。2007年8月，我们首次发布《品类战略：中国企业如何创品牌》的报告，我们利用品类战略的思想对当时正在大力推广的几个明星品牌做出预言。今天我们逐一来看这几个品牌的现状。

青岛欢动：难以欢动

2007年3月28日，青岛啤酒借2008年奥运会倒计时500天之际，正式发布了一款名为"欢动"的运动型啤酒。欢动啤酒口味淡爽，具有低碳水化合物、低热量、低苦味等特点，并含有从海洋生物牡蛎中提取的"欢动活力因子"，其目标直指热爱时尚、动感的年轻一代。它是"攻打高端啤酒市场的主力之一"，"希望借此进一步开拓青岛啤酒在高端市场上的份额"。

我们当时指出有以下两大瓶颈决定青岛欢动无法走远：

第一，运动型啤酒违背常识。

运动型啤酒的诞生是典型的企业内部思维的产物：为了更好地配合奥运战略，我们需要一款更有针对性、更容易与奥运概念结合的产品，那就是运动型啤酒——欢动！可是，欢动的市场份额来自哪里？谁是欢动的主要竞争对手，其他啤酒还是其他运动型饮料？欢动适合在哪些场合下饮用？运动前、运动后、运动时，还是观看别人运动时？

消费者会在运动后喝点饮料补充流失的水分和盐分，于是"运动饮料"诞生了。消费者有运动之后来点啤酒的需要吗？没有。这个产品很有创意，但是没有未来。

第二，"新品类"难脱大品牌阴影。

推出新品类的要点之一是使用全新的品牌，而青岛欢动采取了一种中间的方式——"副品牌"策略，副品牌策略的本质是品牌延伸。在消费者那里，副品牌常常被当作一个延伸产品，而非一个独立品牌，"青岛欢动"也不例外。按照目前的推广策略，青岛欢动极有可能成为另一个"青岛原生"，情况甚至更坏。

我们给了青岛啤酒以下三点建议：

第一，青岛啤酒的问题不是传播问题，而是营销问题。把过多的精力用于推广"激情成就梦想"这些概念，不仅浪费资源，而且削弱原有的传统心智资源。青岛啤酒品牌的当务之急是回归经典，利用修剪的力量，砍掉过多的产品，重新聚焦，在消费者心智中确认"常规啤酒"品类的领先和主导地位。

第二，青岛啤酒应该加大对全球市场的发展力度，前提是对现有的策略做出调整。全球市场的品牌推广可以巩固国内市场的领先位置。

第三，青岛啤酒要在国内市场上成为绝对的领导者，不能通过不断扩展产品线力推低端产品的方式实现。青岛啤酒的正确道路是把握分化趋势，启用多品牌，主导多品类。实际上，国内啤酒市场尚存在大量创建新品类的机会，我们前面已经提及。

今天，如我们所料，"青岛欢动"这款"为奥运而生"的啤酒并未在市场上产生多大的影响，基本上已经退出了青岛啤酒的主力产品阵营。

清扬：恐难飞扬

2007年4月27日，联合利华推出了继"力士""夏士莲"之后的第三大洗发水品牌——"清扬"。清扬目标直指宝洁旗下的去头屑洗发水品牌海飞丝，一次性推出包括男女两种系列14款去屑洗护发产品，并展开了大规模的营销传播活动。据透露，清扬品牌准备了不低于3亿元的预算费用，其目标是通过3年的时间，在总量达百亿的去屑洗发水市场中占据领袖地位！

我们当时指出，品牌战略上的先天失误，已经注定了清扬无法赢得这场战争，具体如下：

第一，迷信"优质产品必将胜出"。

清扬以"来自法国技术中心"，富含"维他矿物群"，"连续使用，头屑不再来"等作为推广的重点，本质上是在强调产品"优质""更好"。但是，在去屑洗发水市场上，海飞丝"头屑去无踪，秀发更出众"的品牌认知早已深入人心。在消费者的心智中，领先品牌代表"更好""更有效"。消费者会想，如果海飞丝无效，为什么它可以畅销十几年？（应对清扬的挑战，宝洁反击的广告正是这么说的。）

第二，全线出击，稀释品牌力量；多线作战，分散推广资源。

清扬整个产品分为男女两种系列，包括14款去屑洗护发产品。为了完整介绍产品特点，联合利华制作了四五个版本的电视广告交叉播放，客观上造成了品牌传播概念不够集中、资源浪费严重的现象。

第三，广告启动过早，公关威力远未释放。

清扬联合中国保健协会发布《中国居民头皮健康状况调查报告》，为上市造势，是明智的举动。随着传播环境的日益复杂和消费者接触信息渠道的增多，广告的可信度和影响力越来越弱，公关事件的作用日益加强。可惜的是，清扬的公关事件尚未完整展开，公关威力还没有充分释放，大规模的广告投放就早早启动，白白浪费了这个机会，急功近利的心态可见一斑。遗憾的是，这种心态非但没能帮助清扬成功，反而有可能加快资源损耗，加速清扬溃败。

我们建议清扬应该正视海飞丝作为领导者的心智地位，避免正面进攻，采取侧翼进攻的方式。清扬应该聚焦"男士去屑专用"，放弃女士系列产品，打造中国第一个专为男士量身定制的洗发水品牌，以此开创中国男士专用洗发水的新品类——这是清扬的正确出路。

今天，同样如我们所料，试图男女通吃的清扬并未在"去屑"市场上取得多少进展，"3年之内成为去屑市场领袖品牌"的豪言已经注定难以实现。

海尔：成套家电，一厢情愿

2006年9月25日，海尔集团联合中国标准化协会发布了全球首个成套家电标准。成套家电是指由同一品牌厂家提供，包括白电、黑电、小家电、厨房电器以及娱乐数码产品在内，具有统一功能和协调外观的系列家电产品。标准要求成套家电的造型风格统一，产品功能具有关联性和兼容性，配送、安装、服务、升级必须一站到位。为了推广成套家电，海尔在媒体上打出了"时尚生活一站到位""成套家电和谐生活"的概念，推出了"买成套家电看北京奥运"的促销活动。海尔希望以此拉动旗下96大门类15 000多个规格的产品群的销售。

我们当时指出："成套"概念是"融合思维"的直接体现。企业喜欢"融合"概念，但是，分化产生的专家品牌在消费者那里更受欢迎。消费者会买创维的彩电、格力的空调、诺基亚的手机或者联想的电脑，在这些品类里，它们比海尔做得更好，它们才是各自品类的代表。实际上，类似的"融合"思维在其他行业也屡见不鲜。"家庭药箱"是十几家药企联合推广的概念，各个企业把自己的常用药整合到一起，试图打包卖给消费者。想法听起来不错，但是面对感冒的困扰，消费者更希望自己能在感康、康泰克、泰诺、白加黑、三九等品牌中做出独立的选择，而不是被动接受你的指派。

更重要的是，"成套家电"会透支海尔的品牌资产。"成套家电"本质上是以部分优质品牌产品来弥补和拉动部分没有竞争力产品的市场表现，试图以木桶的长板弥补短板。这种"饮鸩止渴"的做法如不及时制止,最终只会连累传统优质业务单元如冰箱、洗衣机的表现,造成全面溃败。

海尔真正要向通用电气学习的是实施"数一数二"战略,再造海尔。我们建议海尔全面梳理现有业务,砍掉那些在所处品类中毫无竞争优势、靠透支海尔品牌生存的业务单元,如电脑、手机、厨卫电器、数码产品、家居产品等;拆分药业、金融、人寿保险等非家电业务,独立发展;聚焦于冰箱、洗衣机等核心业务,不同产品启用不同子品牌,逐步实现企业和品牌的独立发展。

今天,海尔实质上已经放弃了成套家电的推广,转而推广"服务"。毫无疑问,与"成套家电"相比,突出服务、争取在服务层面产生相对竞争优势和认知优势,是更加合适的战略选择,毕竟"真诚到永远"具备认知基础。

但是,海尔真正要做的,一如我们两年前所建议的,作为中国企业的榜样,海尔必须敢于、勇于做"刽子手",砍掉那些在所处品类中毫无竞争优势、靠透支海尔品牌生存的业务单元,如手机;在具备一定基础的领域大胆启用新的独立品牌,如电脑。只有这样,海尔才能浴火重生,才有希望真正成为世界级品牌。

茶饮料:可口可乐永远的痛

在"天与地"茶、"岚风"茶、"阳光"冰爽果茶、"雀巢"冰爽茶纷纷失败之后,2005年,王老吉凉茶的成功让可口可乐看到了"草本饮料"的前景。于是,将融合草本饮料和茶饮料特征的"茶研工坊"推向市场,包括"清本"和"清妍"两个新品,分别针对男性和女性,由梁朝伟和舒淇做代言。

"茶研工坊"的前景如何？我们指出，分化代表未来，"融合草本饮料和茶饮料"的诉求明显是一个融合概念，难有胜算。

今天再看，茶研工坊的失败确如我们所言，但比预想中更快。2008年，可口可乐宣布停产"茶研工坊"，同时又推出了新的品牌"原叶"。"原叶"打出了"100%茶叶泡制"的概念，并同时推出了"绿茶"和"冰红茶"产品。根据企业计划，未来它还将推出更多种类原叶产品。可以看出，可口可乐对这个产品寄予厚望，并投入了巨额的资金，全国的铺货以及推广力度也很大。

那么，这个品牌前途如何呢？我们认为，同样很难有大的突破，原因如下：

第一个问题是品类化的名字。可口可乐使用了一个通用名做品牌名，如我们在第4章中所指出的那样，品牌名要求独特，品类名则是某一类别产品的名称。而原叶如同原生一般，很容易被视作一个品类名，消费者可以称任何100%茶叶泡制的茶为"原叶茶"。

第二个问题是复杂化的产品。品牌是品类的代表，面对先入为主的对手康师傅、统一、娃哈哈等，原叶首先应通过聚焦来获得更好的竞争力，但"原叶"自推出就涵盖"绿茶"和"冰红茶"产品，全线出击，多面应敌，直接导致品类不清、竞争力稀释。

按照目前的策略继续推广，原叶停产只是时间问题。

可口可乐如何才能在茶饮料市场上取得成功？我们愿重提多年前的建议：

可口可乐要在茶饮料市场上取得成功，首先要学会从分化中寻找机会。在康师傅以品牌延伸的方式推出绿茶的时候，可口可乐曾经有机会以专业的绿茶品牌来击败康师傅，但是可口可乐失掉了这个机会。可口可乐同样以品牌延伸的方式通过"天与地"这个矿物质水品牌推出了茉莉花茶和乌龙茶。当时，三得利已经占据了乌龙茶这个品类的领先位置。

现在，可口可乐有机会以独立的品牌抢占瓶装红茶市场，立顿袋泡红茶的广受欢迎证明了这个市场的潜力所在；可口可乐还可以切入目前正在高速发展的凉茶市场，大多数市场上都存在第二品牌的机会，凉茶也一样，关键在于采取成为王老吉对立面的战略。

茶饮料市场上还有很多其他的机会，但是，对于可口可乐这样的大企业来说，它面临的最大挑战是时间和耐心。资金不是问题，人员不是问题，产品研发不是问题……但时间和耐心是大问题。尤其对于新品类而言，时间和耐心比资金更为重要。

大飘柔：大品牌、大麻烦

2003年10月，宝洁一改长期以来坚持的"不轻易改变品牌已有定位"的内部哲学，推出了9.9元飘柔，试图以"低价格、高品质"的飘柔实现对国内品牌市场的挤压。随后，飘柔于2004年3月推出了飘柔香皂、沐浴露……除了产品层面的调整，飘柔品牌还从宝洁公司网站的产品介绍中单列出来，建立起了自己的独立网站……在这些巨大变化的背后是宝洁全球范围内正在推行的"大品牌"战略。2001年3月22日，宝洁总部对外宣布公司成长三大计划，包括致力于大品牌和机遇的发展、不断推出高品质的消费品以及创建更具竞争力和生产力的企业。拥有300多个品牌的宝洁开始改变历经160多年的全球品牌管理体制。时任宝洁CEO雷富礼认为，宝洁不需要太多小品牌，要做的应该是销售更多像汰渍这样的品牌产品。他挑选了10个销售额能达到10亿美元以上的旺销产品（现在发展到13个），作为重点推广的"大品牌"。在宝洁全球战略的指引下，在中国洗发水市场上占据最大份额的飘柔，自然成为重点要"抓"的品牌，中国市场上的大飘柔战略也因时而生。

这个战略刚刚发布,我们就指出,"大飘柔"是一种错误的扩张逻辑。

聚焦于重点品牌的做法自然没有错,问题在于聚焦的过程中使用了错误的扩张逻辑:增加这些品牌的产品线可以提升销量,进一步做强做大这些品牌。这种逻辑一旦建立,显然,飘柔不但可以推出"柔顺"的洗发水,还可以推出"去头屑"的洗发水、"营养头发"的洗发水,推出香皂、沐浴露也很正常;玉兰油不仅是护肤品,也可以是香皂和沐浴露。但是,如果这种逻辑符合市场规律,不仅宝洁100多年来的成功毫无道理,市场更将退化到由恐龙品牌主导的远古时代。

宝洁真正要做的是推进而非畏惧分化。宝洁在中国市场上销量的下滑,相当一部分原因是分化对手的大量涌现。除低价洗发水品牌如拉芳、雨洁、清逸、飘影、蒂花之秀等之外,以"蛇"产品为基础发展起来的隆力奇、推广"植物汉方"的索芙特、推广黑发的奥妮,都通过把握分化趋势,推出新品牌,主导细分品类市场而抢占了宝洁原有的部分市场份额。最近几年,我们没有看到宝洁真正有意义的创新。润妍品牌是一个跟风产品,激爽沐浴露也是一个跟风产品。实际上,宝洁根本不需要什么大品牌战略,宝洁公司积累了上百年的营销原则仍然有效,仍然是推动宝洁持续成功的重要工具。宝洁要做的就是尽快让飘柔回到柔顺,让潘婷回到营养,让海飞丝回到去头屑……在此基础上,判断市场发展趋势,寻找新的品类分化机会,继续推出新的独立品牌,以主导并扩大那些新的品类,比如洗发水市场中的中草药、植物、汉方、男士专用系列等,比如牙膏领域的防治牙结石以及很有潜力的夜间多效护理牙膏……这些都是存在巨大市场潜力的新品类。

今天,大飘柔战略已经在无声中回归,飘柔的广告又回归到了"柔顺",飘柔沐浴露、香皂的宣传已经很难看到;在终端,飘柔的延伸产品也逐渐在减少。海飞丝也回归到了"去头屑"。我们相信,市场已经给了宝洁教训,让宝洁意识到:此路不通。

奇瑞、吉利多品牌战略前景堪忧

2009 年,中国汽车销量逆市飞扬,奇瑞、吉利等汽车企业分别发布了多品牌战略。根据奇瑞汽车公布的多品牌战略规划,未来企业将主要经营以下四个品牌:开瑞、奇瑞、威麟和瑞麒。其中,开瑞定位在中低端商用车领域,以厢式货车和新款面包车为主,还包括单排或双排的微型面包车,该品牌将主要面对广阔的农村市场,并与老式面包车争夺庞大的市场份额;奇瑞则定位在中低端乘用车市场,旗下车型包括原来的东方之子、A1、A3、A5 以及 QQ3、QQ6 等近 10 款车型;威麟则主攻中高端多功能车 MPV 和运动型多用途车 SUV 及轻型客车市场,旗下产品除东方之子 Cross(B14)外,还将有悍虎 3(P11)、B13 等;瑞麒则是奇瑞汽车的中高端轿车品牌,同时也是今后奇瑞拓展海外市场的主力车型。对应不同的品牌,奇瑞汽车在国内组建了三大各自独立的销售网络。

吉利汽车则根据车型定位分为全球鹰、帝豪和上海英伦三个品牌:全球鹰品牌涵盖时尚、年轻的车型,首款车为吉利熊猫;帝豪品牌则主打大众化车型,以中高端公商务用车和家用轿车为主;上海英伦则向经典、豪华发展,主攻高端汽车市场。吉利今后的全部新车型将从原来的以产品分网销售的方法,转移到分品牌销售,并利用两三年时间将上市的新车输入不同的品牌渠道和销售网络。

在《中外管理》随刊发布的《品类战略:中国企业如何创品牌 2009 版》中,我们及时指出,奇瑞、吉利的多品牌战略前景堪忧,原因如下。

品牌战略的首要原则在于聚焦。通常情况下,只有当企业的首个品牌在目标市场或者所在品类占据了主导性地位的前提下，才应该考虑针对新的市场和品类推出新的品牌。回顾企业发展史，真正多品牌战略的典范企业，无论是宝洁还是可口可乐，都是在其主导品牌（象牙肥皂或可口可乐）已经占据主导性市场地位后才推出第二品牌，其时间都经历了数十年之久。丰田汽车是在其创牌63年后才推出第二个子品牌——高端豪华品牌雷克萨斯，随后又经过13年，才针对北美市场推出第三个子品牌——Scion。通用汽车旗下9个品牌，无一在所处品类中占据主导地位，造成的后果就是企业大而不强。

奇瑞、吉利均远未达到"原品牌在市场上实现主导性地位"这一步，目前实施多品牌战略过早。奇瑞汽车的子品牌甚多，但市场销量都一般，主力品牌QQ占据了企业主要的销量，但市场地位并不稳固，此时分散兵力，实不明智。吉利问题更显突出，有限的销量分布在众多的品牌上，没有一个在所属市场上处于"数一数二"的地位，品牌极需聚焦，企业却采取分散策略，非常危险。

实际上，正是由于奇瑞、吉利这种品牌战略布局上的先天缺陷，成就了后来者比亚迪的高歌猛进、后来居上。行业普遍过度关注比亚迪的"创造性模仿"，反而忽略了其战略上的经验：比亚迪是目前国内企业中唯一一个聚焦于一个品牌（最初仅仅聚焦于一个车型F3）的车企，聚焦让比亚迪在与奇瑞等品牌的竞争中取得了明显的优势。单纯谈"创造性模仿"，奇瑞与吉利绝不输于比亚迪；同样，如果比亚迪采用奇瑞、吉利的扩张方式，也绝不会有今天的成绩。

两家公司推出多品牌战略两年后，2011年4月，奇瑞决定撤销威麟品牌事业部，将威麟品牌与瑞麒一样，划归奇瑞销售公司旗下。奇瑞总经理尹同跃公开表示，奇瑞放弃追求市场规模，要收缩战线，改变以往产品偏多的做法，集中资源，打造拳头产品。媒体评论"奇瑞此举无异于向外界宣告，两年前在奇瑞启动的'多品牌战略'遭遇阶段性失败"。同样，2010年，在收购沃尔沃事件的强大公关效应下，吉利的三个品牌无一跻身年度轿车销量前十，仍处于虚弱发展状态。在众多负面新闻的情况下，比亚迪F3仍居国内轿车销量榜首，当然，比亚迪的情形也不容乐观，过快的扩张以及盲目向家电等行业延伸将为其带来灾难性的后果。

联想乐 Phone 对阵 iPhone 胜算渺茫

2010年1月，联想所发布的以"打造中国的苹果"为目标的移动互联网战略成为人们关注的焦点，其中以联想推出乐 Phone 对阵 iPhone 最令人瞩目，因为乐 Phone 关系到联想移动互联网战略的成败，而联想CEO杨元庆说："实际上，我们把移动互联网战略的落实和执行不仅看作业务拓展，而且将其提高到企业生死存亡的高度。"对于联想此举，我们在《第一财经日报》上撰文指出：联想背水一战的勇气和决心固然可嘉，但是赢得商战的关键还在于战略。如果我们稍做观察就会发现，一直以来，全球PC领域和手机领域的巨头都在窥视对方的市场，并且做着不懈的努力。在全球市场上，五大PC生产商是：惠普、宏碁、戴尔、联想以及华硕。五大手机生产商是：诺基亚、三星、LG、索尼爱立信以及摩托罗拉。所有的PC生产商都不断尝试推出手机类的产品，而所有的手机企业都尝试过推出PC产品，但是直到今天我们仍然看到，以上两份名单没有任何重叠，也就是说这种尝试从来没有成功过。

原因很简单，现今的营销竞争是一场心智之争，认知一旦建立，将很难改变，当消费者期望购买手机的时候，首先想到的是诺基亚等这些领先品牌，而很难想到惠普这样的品牌，即使能想到，也会认为其不专业。作为全球主要的PC生产企业，联想要将自己在消费者心智中从一个PC品牌转向手机,是一项几乎不可能完成的任务。实际上,此前联想手机在国内市场上长期处于虚弱的位置就证明了这一点。因此,从企业战略的角度看,联想押宝乐 Phone 和移动互联网战略并不明智。

很自然地,有人会提起苹果,苹果不是成功地从 PC 领域进入到手机领域的典范吗?从表面上看确实如此,这也许正是联想将苹果作为标杆及对手的原因,但实际上苹果采取了完全不同于联想的战略。

第一,苹果采取了多元化企业、专业化品牌的战略。苹果作为企业名,而非品牌名,在企业创立初期,"苹果"曾经是一个产品品牌,它是第一台 8 比特的"家用"个人电脑。但是今天,苹果旗下没有一个产品叫作"苹果",作为企业,苹果生产了设计电脑、海量音乐播放器、触屏智能手机,但是分别使用独立的品牌:麦金塔、iPod、iPhone。这就如同宝洁公司经营了很多产品,但洗发水叫作飘柔、海飞丝,薯片叫品客,电池叫金霸王一样。联想则不然,长期以来,企业名和品牌名都使用了同一个名字,联想这个名字已经和 PC 联系在一起,虽然联想在智能手机中使用了新品牌乐 Phone,但认知的干扰仍然存在。

第二,创建强大品牌最有效的方式是开创品类而非做模仿者,苹果公司的麦金塔、iPod、iPhone 这些品牌的成功,在于这些品牌开创了设计电脑、海量音乐播放器、触屏智能手机的新品类。联想推出的乐 Phone 则已经被媒体认为是 iPhone 的模仿品,这是一个致命的认知。当一个品牌被认为是模仿品之后,几乎很难建立起真正的品牌,营销中也只能依靠低价。

顺理成章地,乐 Phone 的竞争策略就是立足本土优势,同时发挥低价的竞争力,这也恰如柳传志所言:"联想的优势只有一条,就是这是在中国"。目前,乐 Phone 已经和 iPhone 一起成为联通的 3G 合作伙伴;借助本土优势,乐 Phone 初期在中国本土市场上可能会取得一定的成绩,但可以预料的是在全球市场上,乐 Phone 不会有大的前途。这不仅因为前面所提及的联想和乐Phone所存在的战略问题，还在于竞争对手的强大。从全球来看，在智能手机领域，乐Phone的竞争对手远非只有iPhone，重量级的对手包括智能手机品类的开创者黑莓。据市场研究公司Gartner的数据显示，截至2009年年底，iPhone在全球智能手机市场上的份额约为14%，黑莓为20%，而2010年第一季度，黑莓出货量更是达到1060万部，跻身全球五大手机生产企业（这五大手机生产企业也包括诺基亚等传统手机巨头）。

因此，从长期的企业战略角度看，不仅乐Phone对抗iPhone前景堪忧，就连联想整个移动互联网战略的前景也难言乐观。更为严重的后果在于，倘若因为企业资源和注意力的分散，导致联想在PC领域竞争力及市场地位的进一步下滑，这将是联想不能承受之重。

乐Phone目前进展如何呢？上市一年之后，2011年2月17日联想集团公布了截至2010年12月31日的第三季度业绩。联想连续第五个季度成为全球前五大电脑厂商中增长最快的厂商。联想的全球个人电脑销量上升20.6%，同期整体市场销量增幅为3.4%。

在第三季度，联想乐Phone的销量达到了23万部，加上此前的21.5万部，总销量在44.5万部左右，最初预计的年销售100万部的目标显然已经无法完成。据联想和移动高层透露，2011年乐Phone的销售目标为100万部，与之相对应的是，2010年6月推出的iPhone4全球销量已经超过3000万部，国内智能手机领先品牌酷派则将2011年的目标定为500万部。这意味着乐Phone不仅对抗iPhone无望，连在国内市场上争得一席之地也尚需努力。总体来看，对于联想集团，这无疑是一个理想的结局，因为联想的现在和未来都命系PC，而非手机。

CATEGORY STRATEGY

第 11 章

从品类战略看中国品牌

中粮唯一必需的转型就是从一家强大的产品贸易企业变为一家强大的品牌经营企业；以强大的品牌来整合产业链最优资源，实现企业的良性循环。这才是中粮的正道。

品类战略是一个系统战略工程,放眼国内企业界,或有企业对其思想和方法浑然不知,或有企业虽明白创新品类的道理,但对品类化等系统战略步骤并不了解,在关键的步骤上往往陷入误区,贻误品牌成功机会的例子也比比皆是。

五粮液:永福酱酒不是福

2010年10月8日下午,在济南举行的全国秋季糖酒会上,五粮液集团的首款酱香型白酒——永福酱酒正式上市。按照五粮液董事长唐桥的观点:"五粮液不仅要成为市场份额方面的老大,在酒种的类别上也要成为老大。"据其透露,五粮液当年酱香型白酒的预计产量将达1000吨,这意味着酱香型白酒也将成为五粮液的一条重要产品线。

五粮液推酱香型白酒可谓蓄谋已久,从2002年开始,此类传闻就一直不断,然而作为浓香巨头的五粮液推出酱香白酒究竟胜算几何呢?是否真能如五粮液所盘算的一般,将瓜分茅台的市场份额,并在酒的类别上成为老大呢?

在白酒市场上,茅台为酱香代表,五粮液为浓香代表,此认知早已深入人心。换言之,浓香的茅台或者酱香的五粮液都将因违背既有认知而被冠以"不正宗"的定位,在此情形之下,失败是必然之事。

实际上,五粮液今日之战略,早已被茅台使用,并被证明为失败之策。面对浓香白酒风行的局面,茅台也曾有过五粮液的逻辑,期望启动"浓香战略",重要举措之一就是隆重推出"茅台浓香第一液"——茅台醇。如前所言,茅台醇虽然可以借助茅台的影响力进入市场和渠道,但始终无法进入顾客心智。根据终端的调查,卖场的导购人员经常会被问:"茅台醇和茅台,哪个是正宗的茅台?"消费者全然不理会关于浓香茅台或者酱香茅台的解释。茅台醇推出至今一直处于奄奄一息的状态,根据茅台 2008 年第三季度报告,茅台系列酒(包括茅台啤酒、茅台干红、茅台醇、茅台王子酒等七个品牌)销售额仅为 2.6 亿元,可见投入巨资的茅台醇销售额仅为数千万元,相比之下同期茅台品牌销售额达 43.5 亿元。不只是茅台,在老八大名酒中,以"百草香"著称的董酒也曾跟随潮流推出过浓香产品,同样以失败收场。

当然,从另一个角度看,茅台酒今天的成功在一定程度上得益于其系列酒推广的失败,使茅台避免了在错误的战略上越走越远,从而更加聚焦于茅台品牌和酱香酒的发展。五粮液则不然,它在推出五粮春、五粮醇等系列酒之初都获得了良好的反响,大量的买断品牌也使企业的销售额实现了快速增长,这些短视的做法实际上稀释了五粮液品牌的竞争力,同时也导致五粮液未能把握当时市场领先于茅台的大好时机,以便乘势而上,进一步拉开差距,此实为五粮液发展历程中一大战略失误。

经典的战争格言说:如果不能赢得战争,就转换战场。而五粮液此举其实是把自己从具有优势的浓香战场引向了竞争对手茅台具有优势的酱香战场,同时带来的另一个负面效果是为茅台和酱香白酒品类做了极好的公关宣传。因为这会给顾客一个暗示:"酱香比浓香好",不然五粮液为何也来生产酱香白酒呢?而永福酱酒定价为每瓶超过千元,终端零售价格为 1198~1398 元,高于五粮液,也恰对此认知的形成提供支持。

五粮液集团推出永福酱酒带来的另一个负面后果是,不仅为茅台,也为自己的五粮液品牌制造出一个新的对手,这对面临茅台竞争压力的五粮液品牌来说,并非好事。

基于以上原因,无论永福酱酒初期反响如何,这注定是一场必败之战。五粮液战略之正道,在于聚焦浓香、聚焦五粮液品牌。毋庸置疑,五粮液仍是中国最具竞争力的白酒品牌,其国际化口感和长期积累的心智资源仍然独具优势,而当务之急在于发掘顾客心智中最佳认知优势,由此形成五粮液独特的品牌定位。当然，独特的品牌定位，并非"世界名酒"这样无实际意义的空洞口号，而是蕴藏于千万潜在顾客心智中，可有效拉动销售增长，使五粮液进入全新空间的阶梯。

汇源茶饮梦难圆

2008年9月3日，汇源果汁发表公告，指出可口可乐旗下全资附属公司 Altantic Industries，以总价179.1957亿港元，收购汇源全部已发行股本。而根据汇源2008年发布的年报，2008年汇源总销售收入仅为28.197亿元，净利润仅为8890万元。

一个年销售额仅28亿元的品牌为何价值179亿元？正如我们所指出的，品牌之所以有价值，并非品牌具有广泛的知名度，而是因为它成为了某一品类的代表。品牌的价值由两个因素决定：首先是品牌在品类中的地位，其次是品类的价值。可口可乐能以三倍的溢价收购汇源，其核心原因，就是汇源符合以上两个条件。同样，戴克公司出售克莱斯勒公司的时候，唯一值钱的部分是在越野车品类中处于主导地位的Jeep，而更为知名的克莱斯勒则几乎一文不值。

可口可乐在此次收购中表现出志在必得的决心，高溢价收购就是直接体现。为何可口可乐如此志在必得？此乃关系到可口可乐公司的企业战略。我们曾经指出，如果品类发生衰退，那么品牌也必然出现衰落，没有一个品牌可以永生。可乐这个品类如果消失了，可口可乐这个品牌也将失去价值，企业唯一也是最需要做的是确保公司的存在和持续发展。从全球的消费趋势来看，随着人们对健康越来越重视，可乐包括碳酸饮料的空间也越来越受到限制，例如在美国一些学校已经限制可乐类饮料销售。可口可乐公司虽然拥有全球5大饮料——可口可乐、百事可乐、雪碧、芬达以及健怡可乐中的4个品牌,但它们全部属于碳酸饮料,因此可口可乐公司开始布局非碳酸饮料的各个领域。

在中国,茶饮料是非碳酸饮料中可口可乐公司看好的领域之一。可口可乐公司先后6次推出茶饮料品牌,包括天与地乌龙茶、岚风等,几乎无一成功,2008年推出的原叶也十分虚弱。在瓶装水领域同样如此,可口可乐公司先后推出过天与地、水森活等品牌,也没有多少进展,倒是在果汁领域,可口可乐凭借"酷儿"开创了儿童低浓度果汁品类,成为低浓度果汁市场的第二品牌,而独立品牌"美汁源"则成为了果粒橙品类的第一品牌。因此,一旦收购了纯果汁领域的第一品牌汇源,可口可乐就可以主导国内果汁市场。

既然可口可乐如此看好果汁品类的前景与机会,莫非汇源自己看不到?我们认为更为重要的原因在于汇源本身在企业战略上的短板导致汇源的发展陷入瓶颈阶段。

汇源作为第一个进入顾客心智的纯果汁品牌,成为纯果汁品类的代表,这是汇源强大的原因。鲜橙多成为低浓度果汁品类的开创者。而在果粒橙品类中,可口可乐的"美汁源"占据了先机,汇源虽然跟进推出了"真橙汁",但是无济于事,可以说对于最近5年来果汁市场上的新机会,汇源都没有把握住。根据CCTV《经济半小时》的报道,目前国内果汁市场上汇源所占的份额约为10%,可口可乐("美汁源"和"酷儿")约为9%,汇源地位并不稳固。当然,汇源也曾推出过"奇异果王"等产品,反响一般。在此情况下,或许溢价出售是最好的选择。

事实上,外资品牌收购中国品牌并逐渐放弃使用中国品牌属预料之中,这正是外资品牌收购的目的所在:减少一个对手,强化自己对品类的主导地位。时至今日,凡属外资企业收购民族品牌,舆论通常都要关注"保卫民族品牌"的话题,但往往忽视的现实是,大部分民族品牌的短板在于缺乏对路的企业和品牌战略思路，导致品牌发展到一定阶段或遭遇瓶颈，或陷入误区，出售既是无奈之举，也不失为好的选择，娃哈哈与达能的合资、乐百氏的出售无不如此。娃哈哈后来的反悔，其重要的背景也正是因为宗庆后改变一贯的品牌延伸的方式发展品牌，推出了"营养快线"等独立的新品牌，开创了新品类，并获得了成功。

在中国商务部驳回可口可乐对汇源收购案之后，汇源对企业战略进行了一系列调整，不再坚守高浓度果汁市场，而是四处出击。首先，叫停上游果蔬基地建设，高调推出柠檬复合果汁饮料"柠檬me"，把低浓度果汁饮料作为主攻对象。2009年，汇源在成都糖酒会上高调亮相，推出"柠檬me"等三大系列产品。

其后汇源又把目光投向了碳酸饮料市场。2010年，汇源集团宣布其斥资50亿元打造两款碳酸饮料产品，以此进军碳酸饮料市场。汇源此次推出的"果汁果乐"系列的碳酸饮料，有橙汁和柠檬汁两款产品，其口感与雪碧、七喜等类似。

一年以后，朱新礼再次将汇源的产品触角伸向茶饮料市场。2011年2月23日，汇源集团宣布，以1201万元的价格，竞拍获得"旭日升"全部164枚商标所有权及"冰茶"特有名称。汇源将在果汁饮料之外，推出旭日升茶饮料。汇源会在碳酸饮料、茶饮料市场上有所作为吗？我们认为除非竞争对手犯下巨大的战略错误，否则这种可能性微乎其微。从品类战略的角度看，汇源在以上两个品类中都没有多少机会：碳酸饮料是一个增长迟缓的品类，而在茶饮料市场上，康师傅、统一等品牌已经占据主导地位，"旭日升"作为一个已经消亡的品类——"冰茶"的代名词不仅毫无价值，而且还会让汇源的茶饮料背上负面的认知。汇源的机会甚至也不是低浓度果汁，而是高浓度果汁，这是汇源的优势所在，也是汇源品牌值钱的唯一原因。

2010年上市公司年报显示：汇源2010年的销售收入达到37.08亿元，

较2009年的28.33亿元劲增30.9%，主要归功于百分百果汁、中浓度果蔬汁销售强劲。根据尼尔森（Nielsen）的数据，汇源果汁于2010年在中国果汁市场上继续保持领先优势，在中国百分百果汁及中浓度果蔬汁市场上按销量计算，市场份额分别为50.2%和45.0%，稳居市场领导地位，在中高浓度果汁市场上连续四年排名第一。

一个通常会被提及的问题是：高浓度果汁市场目前有限，汇源已经占据了将近一半的市场份额，要进一步提升份额十分困难。事实上，作为品类的领导者，汇源当前的战略重点在于扩大整个高浓度果汁品类，因此汇源必须承担教育和推广高浓度果汁的责任。

央视CTR调研发布的《中国果汁健康消费调查报告》显示，纯果汁的饮用者仅占被访者家庭成员数的35%。三成以上的中国消费者意识到纯果汁补充维生素和微量元素的营养价值，已经在饮用100%纯果汁，但中国人均果汁消费量远低于国际水平，人均年消费量还不到1公升，是世界平均水平的1/10、发达国家平均水平的1/40。由此可见，高浓度果汁品类仍有巨大的空间，而一旦品类扩大，汇源作为品类的领导品牌将获益最丰厚。

汇源现行战略的风险在于：四处出击将分散企业资源，削弱高浓度果汁的主导力；进军碳酸饮料等品类将为企业带来损失；更为关键的是，一旦有高浓度果汁品牌聚焦发力，汇源将面临失去最有价值的领地的风险，届时，汇源将成为一个虚弱的品牌，一文不值。真到了那时，或许就无人再提捍卫民族品牌的问题了。

霸王：中药防脱才是王

2009年，当拉芳、飘影、好迪、亮妆等国产洗发水品牌逐渐淡出人们视线的时候，一个之前并不被人关注的品牌悄然崛起，登陆港股，那就是霸王。就战略而言，霸王的崛起在预料之中，虽然是一家广东企业，但其摈弃了品牌发展的"广东模式"（品类和定位同质化，依靠明星代言和广告轰炸的模式），而开创了一个看起来并不起眼，国际日化巨头无暇顾及的小品类"中药防脱"；正是这个小品类，为霸王品牌带来了超过10亿元的销售额以及高额的利润。事实上，霸王并非没有走过弯路，在推出霸王品牌之前，其丽涛品牌就曾采用典型的"广东模式"，结果自然一败涂地。

对于企业而言，上市的好处之一是解决了企业的融资问题，但上市也使企业面临前所未有的增长压力，对此通常的做法就是产品扩张。霸王也不例外，上市前后，霸王不断扩张。

2009年5月，霸王推出面向女性市场的洗发品牌"追风"，切入"中药去屑"品类，并邀请王菲做代言人，投入巨资进行广告宣传。2009年12月，霸王推出"本草堂"品牌，切入中草药护肤品类。2010年1月，霸王推出霸王男士系列专业中药洗护发产品，包括了霸王男士防脱护理类、男士日常洗护发类、男士沐浴类等三大系列的多款产品，将品类延伸至沐浴露。2010年4月，霸王集团宣布正式进入饮料领域，投资4.8亿港币推出霸王凉茶，并聘请香港影视明星甄子丹为品牌代言人，高调进军凉茶市场。10月17日，霸王集团重启丽涛品牌，针对年轻群体，以植物花果凝萃的产品系列进入芳香、柔顺的细分洗发水市场。至此，霸王集团已经进入了男士洗护、中药去屑、中草药护肤、防上火饮料、植物芳香柔顺洗发水等品类。可以看出，霸王这一系列举措，有着非常明确的"战略"——就是围绕"中药世家"概念实现多元化发展，延伸产品线。

霸王这一系列的战略胜算如何？能否帮助霸王实现做大做强的梦想？

从企业层面看，上市公司年报数据显示，霸王2009年销售收入为17.56亿元；受二恶烷风波影响，2010年销售收入为14.754亿元。如此规模的企业同时启动4个品牌，进入5个品类，既分散企业资源，分散管理层注意力，又令企业面临更多行业巨头的竞争，明显贪多求大，并不明智。

从品类层面看，霸王切入的品类，大多对手强大，竞争激烈，无明显的战略机会。如果说"中药去屑"品类还稍有差异化，那么中药护肤、凉茶等品类明显同质化，植物芬芳、柔顺洗发水则属典型的跟风产品。霸王集团应该从霸王品牌的成功中吸取经验，以开创新品类，创建新品牌，同时新品类应当是诸如"中药防脱"这样普通消费者容易认知和识别的，而非营销概念。

从品牌层面看，试图以"中药世家"的形象统领企业产品线，并把霸王的认知由"中药防脱"转向"中药世家"的做法明显属于企业导向的思考，不仅无益于新品类和新品牌的发展，还将削弱霸王品牌的竞争力；将霸王品牌扩展为霸王男士，并将其产品线由防脱洗发水拓展到沐浴露也属此类做法。而"霸王代表中药世家，洗发水与凉茶并不冲突"的说法也有忽视消费者心智认知之嫌，尽管霸王花费了巨额的广告费宣传自己是"中药世家"，但在消费者的认知中，霸王已经根深蒂固地代表中药防脱洗发水品类。就凉茶品类而言，不可忽视的是，王老吉凉茶取得成功的重要原因之一就是将凉茶归属从药饮转向饮料，淡化药的印象；"中药世家"的形象则明显令霸王凉茶沾上了药味。

由此看来，对于霸王集团，二恶烷风波的负面影响虽然巨大，但随着时间的推移，消费者终将逐渐淡忘；然而，同样随着时间的推移，糟糕战略的负面效应将逐渐显现，这或许才是霸王即将面临的真正的挑战。

中粮集团：全产业链，大危险

2009年年底，中粮集团借助上海世博会的召开，高调推出"全产业链"

战略,一时之间,"产业链,好产品"的广告铺满各种媒体。作为中国规模最大的食品企业,中粮集团目前下设中粮粮油、中国粮油、中国食品、地产酒店、中国土畜、中粮屯河、中粮包装、中粮发展、金融等9大业务板块,拥有中国食品、中粮控股、蒙牛股份3家香港上市公司,中粮屯河、中粮地产和丰原生化3家内地上市公司,拥有福临门食用油、长城葡萄酒、金帝巧克力、家佳康肉制品、亚龙湾度假区、雪莲羊绒、中茶茶叶、中英人寿保险、农村金融服务等诸多品牌的产品与服务组合。

实际上,在正式推出"全产业链"战略之前,中粮已经开始进行相关布局,如早在2002年,中粮便收购了安徽焦陂酒厂,生产"龙虎尊"系列白酒,进入了白酒行业。2006年3月,中谷粮油集团公司正式并入中粮,成为中粮的全资子公司。2007年2月,中粮收购新疆屯河,进入了番茄酱加工和甜菜糖加工行业。而在新战略推出之后,中粮更是四处出手,2009年12月23日,中粮以1.94亿元的价格收购了一家在华南地区占据市场主导的低温肉制品及烘焙冷冻产品商万威客100%的股权。中粮在天津、江苏东台、湖北武汉等地投资150亿元建设生猪养殖基地,同时还在天津投资40亿元建粮油基地、收购蒙牛、收购五谷道场、推出"悦活"和"滋采"品牌、创立"我买网",并分别与白水杜康、西凤、贵州醇等白酒企业进行入股和收购接洽,意图加大在白酒行业的影响力,甚至还在世博会前夕开起了自己的专卖店,销售中粮旗下的产品。

中粮董事长宁高宁认为,中粮的转型分为两个阶段:第一个阶段是从一家粮食贸易企业转向实业企业;第二个阶段是由主要经营上游大宗商品品类,延伸到下游,控制全产业链即从原料一直延续到终端食品,也就是"从田间到餐桌"的整个过程。中粮希望在几大品类(酒、肉、面、油、米、饮料)中,能够逐步让消费者每天感受到,最终实现宁高宁所说的"一个中粮"的梦想。

中粮的全产业链战略一推出，便引起媒体和专家的关注与讨论。究竟中粮的全产业链战略是否能实现宁高宁"一个中粮"的梦想？从不同的角度看，或许有不同的答案。管理大师德鲁克认为，营销是企业区别于其他任何社会组织的唯一职能；我们就从营销战略的角度来看看这一战略的问题和前景。

其一，中粮式的"全产业链"战略有悖分化趋势。

全球化带来的巨大变化就是将原来的区域市场变成了全球市场，由此也推动了社会分工的更加专业化。

中粮所设想的全产业链不仅覆盖种植养殖、运输、仓储、生产、加工、分装和销售这七大环节，而且在各产业链、七大环节之间都存在资源共享、融会贯通。"全产业链"通过控制从农产品原料到终端消费品，包括种植、采购、贸易和物流、食品原料和饲料生产、养殖与肉类加工、食品加工、食品营销等多个环节，通过打造全产业链，对每一个环节进行有效控制，建立食品安全可追溯机制，从根本上保障食品安全。

这种设想在三聚氰胺等食品安全事件频发的背景下提出似乎变得顺理成章，但需要注意的是企业控制关键产业链和企业经营全产业链是截然不同的两个概念：前者强调整合资源，实现资源的最优化配置；后者则与改革开放初期，大而全的科工贸一体化企业无本质区别。莫非因为轮胎召回事件，丰田就应该回到自己生产轮胎甚至种植橡胶的"全产业链"？再者，缺少了竞争这一有力手段，中粮经营全产业链的必然结果是使产业链中的企业重回"大锅饭"时代，最终无法实现在根本上保障产品品质。

更为重要的是，以分化的趋势看，未来在养殖、运输、仓储、生产、加工、分装、销售等各个环节都将产生专业的对手，"全产业链"实际将中粮置于多面受敌的境地。

其二，品牌经营能力是致命短板。

中粮所布局的九大业务板块涉及数十个行业，几乎每个行业都足以诞生世界级企业。中粮从企业自身出发所规划的九大业务板块，全然没有考虑竞争和品类机会。诚然，以中粮之体量及拥有的资源，全然可以随心所欲地进入所布局的市场，不存在行业的门槛。但对于中粮来说，真正的门槛在于心智，进入毫无心智机会的行业，即使再雄厚的资金和再好的资源也无济于事。

在宁高宁所设想的"从田间到餐桌"的过程中，真正具有决定意义的不是"田间"，而是"餐桌"上的品牌。然而从目前来看，品牌经营能力正是中粮的致命短板。

近年来，中粮先后推出"大中粮，无边界"和"产业链，好产品"的企业广告，意图塑造"中粮"企业品牌，拉动旗下产品销售，实际上忽视了市场竞争是品牌之间的竞争，消费者所关注的是代表特定品类的品牌，而非企业。这种做法注定不会奏效。

中粮先后推出了悦活和滋采两个品牌，悦活包含果汁、蜂蜜、乳酪、谷物早餐等产品。滋采则包括核桃油、油茶籽油、葵花籽油、大米、绿豆、大豆、荞麦、花生等十余个品类。近年来，中粮还对原本处于食用油领域尴尬地位的"福临门"进行了"提升"，主要的做法是挖掘其品牌内涵，不断开发、构建新的产品体系。今天，福临门除食用油之外，还包括：调味品、大米、面粉、肉类等"厨房系列食品"。这些做法全然忽视了"真正的品牌是特定品类的代表"这一本质，也没开创出新品类，自然也注定无法获得成功。

实际上，中粮转型所需要的不是宁高宁所说的两个阶段，中粮唯一必需的转型就是从一家强大的产品贸易企业变为一家强大的品牌经营企业；以强大的品牌来整合产业链最优资源，实现企业的良性循环。这才是中粮的正道。

维维豆奶：痛失液态豆奶

2010年，维维股份上市公司年报显示：公司全年42亿元的营业收入中，白酒占比最高，达17.5亿元，豆奶粉约为11.3亿元，植物蛋白饮料（牛奶及谷动）约为8.7亿元，其中维维乳业公司营业额3.1亿元，亏损1877万元。可见，一向有豆奶大王之称的维维，已经成为一家多元食品企业，而酒业已经成为了今天维维的主业。从这些数据中，我们还可以发现，作为维维"老本行"的豆奶粉在过去的13年里，销售仅仅增长了1亿多元，作为一个品类的代表，维维的经验和教训尤其值得中国企业借鉴和思考。

1992年，维维推出豆奶粉，并连续6年在央视黄金时段投放广告，花费巨大。"维维豆奶，欢乐开怀"的广告语深入人心，维维成为了当之无愧的品类代表。随着豆奶粉品类的成长，维维也实现了快速的发展，到1997年年底，维维的豆奶粉年产量达到20万吨，年销售额接近10亿元，占据豆奶市场70%的份额。1997年之后，豆奶粉市场开始停滞不前，维维的销售额也一直在10亿元左右徘徊。在此情况下，要实现增长，维维面临两个选择：一是扩大豆奶品类；二是进入更多品类，多元发展。和大多数企业一样，维维选择了第二条路，先后推出了火腿肠、色拉油、黑芝麻糊等产品，但无一成功。

豆奶品类增长出现瓶颈的原因在于，品类原有的主要竞争者同时也是生意来源之一的牛奶粉已经实现升级，液态牛奶开始在市场上推出。液态牛奶的推出快速拉动了牛奶品类的成长，国内牛奶市场进入一个高速发展期。对于豆奶品类的代表维维来说，最佳的选择是推动豆奶的升级，推出液态豆奶与液态牛奶争夺市场，这样维维将获得最好的回报。

然而，2000年6月维维股份上市后，开始实施"全面进军乳业"的二次创业战略。2001年，维维正式介入乳业，推出专门的牛奶品牌"天山雪"

并提出"力争在3~5年内形成60万吨液体奶生产能力"的目标。在接下来的4年中，维维先后在徐州、新疆、济南、西安、武汉、珠海、银川、连云港等地，组建了十多个奶牛养殖基地和乳品加工企业。一个品类的代表品牌，进入了另外一个品类，无疑向外界表明对所处品类缺乏信心，本身就是企业品类战略之大忌，而维维个别高层"牛奶比豆奶更高档、更健康、更有前景"的言论更属昏招。

维维进入乳业无疑是以己之短攻敌之长，注定难有胜算。2005年，维维寻找新的突破——重拾豆奶。维维集团董事局主席崔桂亮表示："牛奶已经完成布局，产能尚未用足。"崔桂亮介绍说，维维需要新的动力，调查研究之后，维维再次选择了豆奶。随后，维维推出了液态豆奶品牌"阳光七彩"，然而，这个品牌并没有获得成功。

"阳光七彩"的失败原因，其一是时机的问题，维维主攻乳业的5年，也正是液态牛奶高速发展的5年，维维错失了推出液态豆奶与液态牛奶竞争的最好时机。其二是品牌的问题，维维在液态豆奶品类上启用了新品牌"阳光七彩"，而在消费者心智中，维维代表的是豆奶而非豆奶粉，因此，最佳的选择应该是在液态豆奶上使用"维维"品牌。正如伊利原本生产奶粉，无须在推出液态奶之后使用新品牌。其三是复杂的产品线问题，"阳光七彩"包含纯豆浆、纯豆奶、黑豆奶、绿豆奶、豆芽奶、红枣豆奶和蔬菜豆奶等七个产品，并且同时上市。

品类的发展如潮起潮落，机会不会属于那些追逐潮流的企业，而属于专注于品类的品牌。实际上，即使在牛奶品类遭遇"三聚氰胺"危机，豆奶品类获得巨大发展机遇的2008年，维维也并非最大的赢家，反而是"杨协成""维他奶"等品牌的豆奶产品实现了高速增长。

2010年9月30日，维维宣布收购湖北枝江酒业51%的股权，加速"大食品"战略进程。迄今为止，维维已形成豆奶、牛奶、粮油、休闲食品、健康饮品、酒业等六大板块业务，并进入了煤炭等采掘行业。在这种战略布局下，作为企业，维维股份最具有竞争力的部分正在衰落，只能依赖于不断地收购和进入新领域来增加营业额。可以预见的是，维维作为一个品牌极有可能跟随豆奶粉品类的消失而消失。

从全球来看，豆奶的营养价值正被越来越多的人所认同，与牛奶品类相比，豆奶品类具有自身的优势，它的蛋白质含量与牛奶相当，且不含胆固醇，可以预防动脉硬化。实际上，液态豆奶品类的机会一直存在，"三聚氰胺"事件为创建一个代表这个品类的品牌提供了一个新契机。

附录 A

美的究竟有多美：
从美的看家电企业战略模式

美的应该停止扩张,聚焦到空调上来,凭借对变频空调的发力占据空调第一的位置,这也许是美的品牌在空调领域唯一的机会。

近年来，美的集团围绕白色家电产业的相关多元化进展迅速，在多个细分产业均处于领先地位，堪称家电行业的"全能王"。由于市场化程度高、竞争充分，家电业历来被看作"中国制造"的典型与缩影，家电企业的发展战略也对诸多中国企业产生了深远的影响。为此，笔者特别撰文剖析美的模式，并与海尔、格力等典型战略模式进行比较，为中国企业选择战略模式提供参考。

进军全球家电五强

2010年年初，美的集团宣布2009年营业额达1000亿元，同时提出了2010年营业额实现1100亿元、进入全球家电前五强的目标，"美的模式"成为人们瞩目的焦点。

从集团来看，美的在完成了对荣事达、华凌、小天鹅的一系列收购后，在白电领域的品牌布局日趋明确：美的集团家电主业资产大多集中在下属上市公司，空调、冰箱业务的资本平台是美的电器（000527），洗衣机平台是小天鹅（000418），机电业务主要集中在威灵控股（0382.HK）。在上市公司之外的资产包括小家电、地产与机电装备等，品牌之间的协同效应日趋显著，集团整体营业发展势头良好。

就品牌而言，美的延伸进入风扇、空调、冰箱、洗衣机、小家电、豆浆机等领域，近年来，屡屡上演"挑战行业老大"的好戏，除了空调领域处于第二的位置，美的在以电饭煲为主的小家电领域处于第一，并先后成功切入了微波炉、豆浆机等此前一家独大的市场，成为行业第二。目前，美的正准备进入加湿器等领域，向行业老大亚都发起攻击。

向美的学习什么

首先是聚焦，虽然与众多家电品牌一样，美的同属多元发展，但焦点较为明确，那就是白色家电，相形之下，美的的主要对手海尔、TCL等都宽泛得多，不仅黑白电通吃，甚至进入IT、通信、制药等领域，美的是国内大型家电企业中除格力之外唯一一家只经营白电的企业，正如里斯先生所言："在瞎子的王国里，独眼龙就是国王。"美的与对手相比，聚焦优势得以体现。

此外，美的的战略收购及品牌整合能力也可圈可点。借助收购和整合，将美的品牌和荣事达品牌的洗衣机资产注入小天鹅公司，使之成为专业的洗衣机生产企业；相比之下，海信在收购科龙之后的品牌整合则缺乏实质内容，白白浪费了大好的时机和难得的品牌资源。

从品牌层面看，美的以品牌延伸却屡屡创造"挑战行业老大"的奇迹也有其原因：美的挑战的"行业老大"基本属于一家独大的局面，竞争对手的数量很少，实际上避开了竞争激烈的品类，美的的这种做法与海尔进入竞争对手林立的彩电、PC、手机等品类的结局当然完全不同。而根据里斯先生提出的二元定律，任何一个品类最终会发展为两匹马的竞争，由两个品牌主导，这也说明美的的做法存在战略机会。事实上，在美的所挑战的领域，美的目前也毫不例外地处于第二的位置。

当然，从另一个角度看，美的品牌延伸的成功无疑得益于对手的"配合"——各个领域的"老大"都在战略防御上出现了明显的失误，才让美的有机可乘。这也应验了格力总裁董明珠的一句话："不是我们打败了对手，是对手自己打败了自己。"我们逐一来看美的品牌所涉及的领域。

其一，空调领域。美的一直落后于该领域的专家品牌格力，但2008年，美的把握住了战略机会：美的首先判断出在节能环保的大趋势下，尤其是国家政策对节能产品的倾斜性支持下，变频空调品类将迎来品类发展的良机，于是美的采取了抢先一步的策略，果断将营销资源聚焦于"变频空调"，一时之间，"买变频，选美的"的口号遍布各地的媒体。

与之相对应的是主要竞争对手格力在变频战略上的一再失误：首先作为专家品牌没有把握先机，同时没有尽快地推出变频产品并在营销上发力。根据媒体报道，2009年最畅销的前十位变频空调产品上，居然没有一款属于格力；格力终于加大了对变频空调的宣传力度，核心诉求却是"掌握核心技术"。从技术层面上看，这或许是事实，但明显不符合顾客认知。这里存在一个普遍的悖论：因为专注，一个聚焦的品牌往往被消费者认为更专业，同时也更有机会拥有更好的技术，然后企业也很自然地认为品牌成功的原因是拥有更好的技术、更好的产品；遗憾的是消费者的逻辑并非如此，极少有消费者购买格力是因为它拥有核心技术，那是企业一厢情愿的想法。

值得一提的还有海信，在变频空调这个品类还很小的时候，海信一直是这个品类事实上的领先者，十几年来海信一直在做变频空调，遗憾的是，它一直在空调和电视的跷跷板上摇摆不定，自然也无法把握住变频空调的机会。

在这场变频空调战中，美的的成功正是我们一直重复和强调的营销战略原则展现的威力："第一胜过更好"，美的采用的是第一战略，先入为主，格力则试图告诉消费者自己更好；"进入心智胜过进入市场"，在市场上，海信是变频的领先者，但在消费者心智中不是，大多数消费者心智中的变频空调领域并没有品牌，处于空缺状态，美的的营销投入使其在消费者心智中处于领先；"开创品类有时候并不需要你发明什么，只需要聚焦"，美的没有在所有的空调产品上展开进攻，而是收缩战线，聚焦于"变频空调"。

其二，小家电领域。美的是国内最早进入小家电领域的品牌，先入为主的效应以及竞争对手几乎全部是延伸品牌，使美的的优势一直保持至今。

其三，微波炉领域。长期以来，格兰仕一直是微波炉领域的统治者，美的微波炉则一直处于亏损状态。但是，最近几年，美的微波炉开始盈利，市场份额不断扩大，这主要得益于格兰仕的不断扩展和延伸。格兰仕先后推出空调、冰箱、洗衣机、小家电等产品。格兰仕曾经很强，是微波炉的代名词，但今天的格兰仕只是越来越大，品牌变得越来越虚弱；此外，美的在微波炉领域还进行了品类的创新，推出了可以蒸的微波炉——"蒸立方"。

其四，豆浆机领域。九阳作为豆浆机的开创者，一直处于该品类的绝对垄断地位，同样，美的豆浆机的进展得益于九阳糟糕的战略：从战略防御的角度看，九阳应该在豆浆机领域推出第二品牌，但这个品牌应该是低端品牌，而非高端品牌，它推出的一个叫作"欧南多"的高端豆浆机品牌起不到任何防御作用；同时，为了增长，九阳正忙于扩展品牌，低价推出电磁炉等产品，就长期而言，这将进一步削弱九阳在豆浆机品类中的统治力，九阳正在步格兰仕的后尘。

其五，洗衣机领域。通过整合，小天鹅公司专注于洗衣机领域，拥有小天鹅、荣事达、美的三个品牌，所面对的唯一强大对手就是盲目延伸的海尔，取得进展是理所当然的。

美的也并非没有失误，其进入汽车领域就被证明此路不通，最终以出售告终。在风扇领域，美的的地位受到了专家品牌"艾美特"的挑战。

美的是否真的那么美

就全球来看，企业的发展模式，通常有以下三种：

第一种模式是企业聚焦于一个品类，采用一个品牌，此类企业如长期占据世界500强榜首的沃尔玛、微软、英特尔、IBM等。

第二种模式是企业涉足多个品类甚至行业，但采用不同的品牌，典型的例子是《财富》500强排名第37位的联合技术公司。其下属企业包括开利（供暖、通风、空调与冷冻设备）、奥的斯（电梯与自动扶梯）、普惠（航空发动机）、斯科斯基（直升机）、汉胜（航天产品）。丰田汽车、苹果公司也属于该种模式。

第三种模式是企业涉足多个品类和行业，采用一个品牌，这种模式的典型代表就是通用电气，其他还包括三星、松下、日立等日韩企业。

当然，在现实当中，这三种模式并非泾渭分明，很多时候，采用第二种模式的企业，也会在局部进行品牌延伸。

从全球企业的实践看，第一种模式的企业收益普遍好于第二种模式的企业，而第二种模式的企业又普遍好于第三种模式的企业。

在中国的家电行业中，第一种模式的典型代表是格力空调，类似模式的企业包括九阳等；第三种模式的典型代表当数海尔；美的则处于第二和第三种模式之间的形态。从企业来看，美的具有建立专业化布局的基础，但从品牌来看，美的品牌从空调延伸到冰箱、洗衣机、小家电等领域，类似于海尔。

这三种模式究竟孰优孰劣？由于国内企业的财务状况缺乏透明度，我们选取了三家上市公司的财务数据进行对比，其中美的主要指上市公司美的电器的盈收数据，包括空调、冰箱、洗衣机以及所拥有的小天鹅权益部分（2009年）；格力主要指上市公司格力电器的盈收数据，包括了空调、压缩机等；海尔则包括了内地和香港两家上市公司的盈收数据，容纳了海尔最优质的资产，包括冰箱、空调、洗衣机、热水器等，由于不包含彩电、PC、手机等业务，所体现出的利润情况当优于实际。

从图A-1a中可以看出，2005～2009年这五年中，三家公司的总体营业收入差距并不大，其中美的从2007年开始营业收入增长速度明显加快，目前在三家公司中处于领先地位。但从净利润看，格力则具有明显的优势，如图 A-1b 所示。

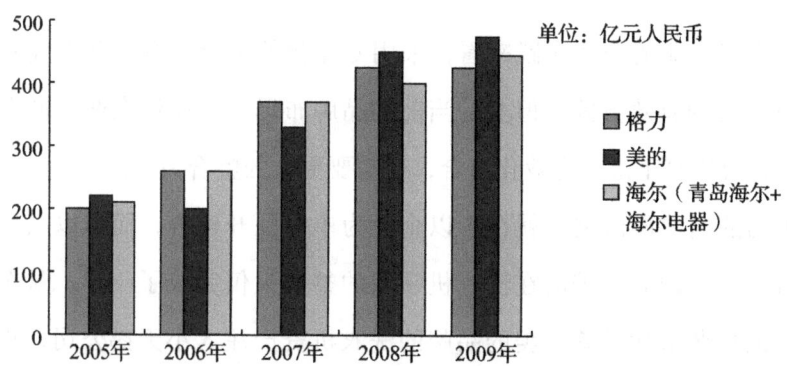

图 A-1a　2005～2009 年格力、海尔、美的三家公司总体营业收入

注：美的为上市公司美的电器，不包括控股公司。美的 2009 年数据是包括小天鹅权益部分后的统计数据

资料来源：上市公司年报。

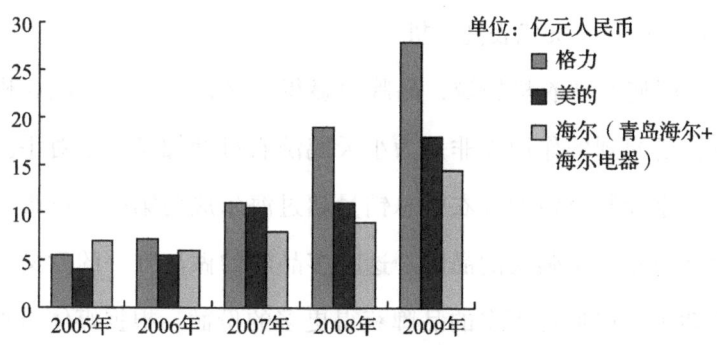

图 A-1b　2005～2009 年三家公司净利润

注：此处净利润为扣除非经常性损益的净利润。美的为上市公司美的电器，不包括控股公司。

资料来源：上市公司年报。

从总体上看，格力的平均利润率和增长速度都高于美的，而美的则高于海尔，也基本与这三种模式在全球的情况相吻合。值得注意的是，在竞争中，聚焦品牌的优势主要体现在与非聚焦品牌的竞争中。海尔曾经是空调领域的领先者，但今天我们可以看到，在空调领域的专家品牌面前，海尔的劣势是显而易见的。在每个延伸领域都存在被专家品牌肢解的危险，这正是延伸品牌所面临的困境。

"美的模式"仍待完善

从全球企业的商业实践来看，采用专业化的组合是多元化企业获得和保持竞争力的有效方式，但美的当前的品牌布局，仅能说在此方向上迈出了半步，要想真正形成专业化组合，还需要更大的整合力度。

美的的当前误区之一就在于以企业为单位展开整合，而非以品牌为单位展开整合，因此，美的在洗衣机领域的整合仅仅完成了一半。从企业层面，美的把荣事达品牌、美的品牌的洗衣机资产注入小天鹅公司，小天鹅公司成为了一家专门生产洗衣机的公司；从品牌层面看，市场上仍然有荣事达、美的、小天鹅三个品牌的冰箱出售，只不过是由美的电器生产的。因此，从消费者认知来看，品牌整合前后并无任何区别，小天鹅、荣事达品牌仍然既代表冰箱，又代表洗衣机。

此外，即使在洗衣机领域，品牌也显得过多，至少美的洗衣机完全没必要存在，所起到的作用无非是为小天鹅洗衣机增加了一个对手。在此情况下，即使小天鹅公司的洗衣机总销量超过海尔成为第一，也难说美的在洗衣机领域建立起了强大的品牌。这种多品牌的做法唯一的意义就是在家电下乡活动中可以通过更多的品牌获得更多的份额。根据媒体报道，2009年，美的下乡冰箱出货量占总量的60%以上；在洗衣机方面，下乡产品出货量也占到总销售量的50%，大幅地提高了企业的销售收入和经营业绩。

美的的品牌整合应该回到以品类为基础的轨道上来，首要的工作是为冰箱、洗衣机建立主导性的专家品牌。实际上，小天鹅在高档洗衣机领域具有良好的心智资源，小天鹅应该成为高档洗衣机领域的专家品牌，而不应该再出产小天鹅牌的冰箱，这样小天鹅在与海尔的竞争中将体现出优势，成为洗衣机领域的第一。

美的真正虚弱的是冰箱品类，美的电器在冰箱领域拥有四个品牌，但从图 A-2 可以看出，销售额仍然增长缓慢。从目前来看，美的旗下没有一个品牌具有在这个品类建立主导地位的基础，无论美的、华凌还是荣事达，最好的办法也许是继续寻找合适的收购对象。

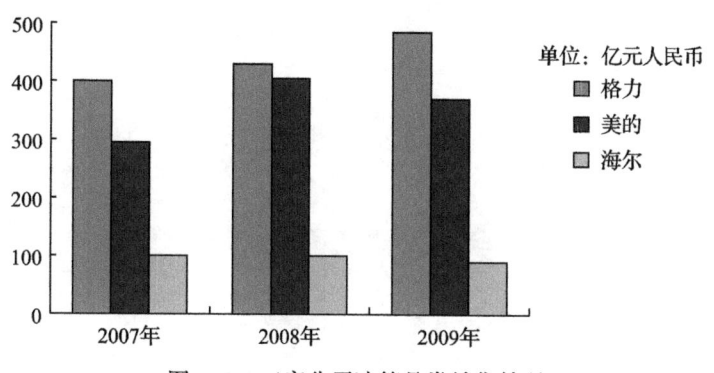

图 A-2　三家公司冰箱品类销售情况

此外，从品牌的角度看，美的需要聚焦。曾经，美的品牌代表小家电和空调，一度是国内家电企业专业化的代表之一。今天，美的品牌生产空调、洗衣机、冰箱、小家电、微波炉、豆浆机等，品牌扩张的步伐还在不断的进行中。美的品牌能在洗衣机和冰箱领域建立强大的地位吗？这种可能微乎其微，但扩张将使美的失掉一个千载难逢的机会：在空调领域成为第一，这可能因格力的一个重大战略失误而成为事实。因此，美的应该停止扩张，聚焦到空调上来，凭借对变频空调的发力占据空调第一的位置，这也许是美的品牌在空调领域唯一的机会。

附录 B

定位思想应用

定位思想
正在以下组织或品牌中得到运用

- **长城汽车：品类聚焦打造全球盈利能力最强车企**

以皮卡起家的长城汽车决定投入巨资进入现有市场更大的轿车市场，并于 2007 年推出首款轿车产品，市场反响冷淡，企业销售收入、利润双双下滑。2008 年，在定位理论的帮助下，通过研究各个品类的未来趋势与机会，长城确定了聚焦 SUV 的战略，新战略驱动长城重获竞争力，哈弗战胜日韩品牌，重新夺回中国市场 SUV 冠军宝座。2011 年至今，长城更是逆市增长，SUV 产品供不应求，销售增速及利润高居自主车企之首，利润率超过保时捷位居全球第一。2016 年，长城依托 SUV 品类的成长，营业额接近千亿元，净利润达到 105 亿元，哈弗成为中国自主汽车第一品牌。

- **真功夫：新定位缔造中式快餐领导者**

以蒸饭起家的中式快餐品牌真功夫在进入北京、上海等地之后逐渐陷入发展瓶颈，问题店增加，增长乏力。在定位理论的帮助下，通过研究快餐品类分化趋势，真功夫厘清了自身最佳战略机会，聚焦于米饭快餐，成立"米饭大学"，打造"排骨饭"为代表品项，并以"快速"为定位指导内部运营以及店面选址。新战略使真功夫重获竞争力，拉开与竞争对手的差距，进一步巩固了中式快餐领导者的地位。

- **老板电器：品类战略打造全球第一油烟机品牌**

老板电器是国内专业的高端厨电品牌，多年来一直与对方的竞争处于胶着状态，无法拉开差距。2013 年，在里斯公司的帮助下，老板品牌聚焦油烟机品类，确立了"大吸力"定位，战略导入之后，老板电器不仅在油烟机品类上拉开对手，而且其灶具和消毒柜也成为第一，从 2015 年起成为全球最大的油烟机品牌。

云南中烟、鲁花花生油、王老吉、宣酒、惠泉啤酒、美的电器、君乐宝、今麦郎……

- **"棒！约翰"：以小击大，痛击必胜客**

《华尔街日报》说"谁说小人物不能打败大人物"时，就是指"棒！约翰"以小击大，痛击必胜客的故事。里斯和特劳特帮助它把自己定位成一家聚焦原料的公司——更好的原料、更好的比萨，此举使"棒！约翰"在美国成为公认的最成功的比萨店之一。

- **IBM：成功转型，走出困境**

1993年，IBM公司巨亏160亿美元，里斯和特劳特先生将IBM品牌重新定位为"集成计算机服务商"，这一战略使得IBM成功转型，走出困境，2001年的净利润高达77亿美元。

- **莲花公司：绝处逢生**

莲花公司面临绝境，里斯和特劳特将它重新定位为"群组软件"，用来解决联网电脑上的同步运算。此举使莲花公司重获生机，并凭此赢得IBM的青睐，以高达35亿美元的价格售出。

- **西南航空：超越三强**

针对美国航空的多级舱位和多重定价的竞争，里斯和特劳特将它重新定位为"单一舱级"的航空品牌，此举帮助西南航空从一大堆跟随者中脱颖而出，1997年起连续5年被《财富》杂志评为"美国最值得尊敬的公司"。

……

惠普、宝洁、通用电气、苹果、汉堡王、美林、默克、雀巢、施乐、百事、宜家等《财富》500强企业，"棒！约翰"、莲花公司、泽西联合银行、Repsol石油、ECO饮用水、七喜……

CATEGORY STRATEGY

附录 C

企业家感言

经过这些年的发展，我的体会是：越是在艰苦的时候，越能看到品类聚焦的作用。长城汽车坚持走"通过打造品类优势提升品牌优势"之路，至少在 5 年内不会增加产品种类。

——长城汽车股份有限公司董事长　魏建军

在与里斯中国公司的多年合作中，我最大的感受是企业在不断矫正自己的战略定位、聚焦再聚焦，真的是一场持久战。

——长城汽车股份有限公司总裁　王凤英

定位思想最大的特点就是观点鲜明，直指问题核心，绝不同于学院派的观点。

——北药集团董事长　卫华诚

品类是战略之本，打造品牌的关键不是让消费者喜欢你，而是让消费者需要你。

——老板电器总裁　任富佳

品类战略让我对未来了然于心，从现在看到未来。

——今麦郎董事长　范献国

我听过很多营销课，包括全球很多大公司的实战营销、品牌课程。里斯的品类战略是我近 10 年来听到的最好的营销课程！南孚聚焦战略的成功经验，是花了 1 亿多元的代价换回来的。所以，关于聚焦，我特别有共鸣。

——南孚电池营销总裁　刘荣海

好多年前我就看过有关定位的书，这次与我们各个事业部的总经理一起来学习，让自己对定位理念的认识更清晰了，理解更深刻了，对立白集团战略和各个品牌的定位也明朗了很多。

——立白集团总裁　陈凯旋

战略定位，简而不单；心智导师，品牌摇篮。我会带着定位的理念回到我们公司进一步消化，希望能够借助定位理论帮助我们公司发展。

——IBM（中国）公司合伙人　夏志红

推荐阅读

"隐形冠军之父"赫尔曼·西蒙著作

隐形冠军：未来全球化的先锋（原书第2版）
ISBN：978-7-111-63479-9
定价：99.00元
作者：[德]赫尔曼·西蒙（Hermann Simon）
　　　[德]杨一安

全球化之旅：隐形冠军之父的传奇人生
ISBN：978-7-111-68111-3
定价：89.00元
作者：[德]赫尔曼·西蒙（Hermann Simon）

定价制胜：科学定价助力净利润倍增
ISBN：978-7-111-71323-4
定价：69.00元
作者：[德]赫尔曼·西蒙（Hermann Simon）
　　　[德]杨一安

价格管理：理论与实践
ISBN：978-7-111-68063-5
定价：89.00元
作者：[德]赫尔曼·西蒙（Hermann Simon）
　　　[德]马丁·法斯纳赫特（Martin Fassnacht）

彼得·德鲁克全集

序号	书名	序号	书名
1	工业人的未来The Future of Industrial Man	21 ☆	迈向经济新纪元Toward the Next Economics and Other Essays
2	公司的概念Concept of the Corporation	22 ☆	时代变局中的管理者The Changing World of the Executive
3	新社会 The New Society：The Anatomy of Industrial Order	23	最后的完美世界The Last of All Possible Worlds
4	管理的实践 The Practice of Management	24	行善的诱惑The Temptation to Do Good
5	已经发生的未来Landmarks of Tomorrow：A Report on the New "Post-Modern" World	25	创新与企业家精神Innovation and Entrepreneurship
6	为成果而管理 Managing for Results	26	管理前沿The Frontiers of Management
7	卓有成效的管理者The Effective Executive	27	管理新现实The New Realities
8 ☆	不连续的时代The Age of Discontinuity	28	非营利组织的管理Managing the Non-Profit Organization
9 ☆	面向未来的管理者Preparing Tomorrow's Business Leaders Today	29	管理未来Managing for the Future
10 ☆	技术与管理Technology, Management and Society	30 ☆	生态愿景The Ecological Vision
11 ☆	人与商业Men, Ideas, and Politics	31 ☆	知识社会Post-Capitalist Society
12	管理：使命、责任、实践（实践篇）	32	巨变时代的管理Managing in a Time of Great Change
13	管理：使命、责任、实践（使命篇）	33	德鲁克看中国与日本：德鲁克对话"日本商业圣手"中内功Drucker on Asia
14	管理：使命、责任、实践（责任篇）Management: Tasks, Responsibilities, Practices	34	德鲁克论管理Peter Drucker on the Profession of Management
15	养老金革命The Pension Fund Revolution	35	21世纪的管理挑战Management Challenges for the 21st Century
16	人与绩效：德鲁克论管理精华People and Performance	36	德鲁克管理思想精要The Essential Drucker
17 ☆	认识管理An Introductory View of Management	37	下一个社会的管理Managing in the Next Society
18	德鲁克经典管理案例解析（纪念版）Management Cases(Revised Edition)	38	功能社会：德鲁克自选集A Functioning Society
19	旁观者：管理大师德鲁克回忆录Adventures of a Bystander	39 ☆	德鲁克演讲实录The Drucker Lectures
20	动荡时代的管理Managing in Turbulent Times	40	管理(原书修订版)Management (Revised Edition)
注：序号有标记的书是新增引进翻译出版的作品		41	卓有成效管理者的实践（纪念版）The Effective Executive in Action

定位经典丛书

序号	ISBN	书名	作者
1	978-7-111-57797-3	定位（经典重译版）	（美）艾·里斯、杰克·特劳特
2	978-7-111-57823-9	商战（经典重译版）	（美）艾·里斯、杰克·特劳特
3	978-7-111-32672-4	简单的力量	（美）杰克·特劳特、史蒂夫·里夫金
4	978-7-111-32734-9	什么是战略	（美）杰克·特劳特
5	978-7-111-57995-3	显而易见（经典重译版）	（美）杰克·特劳特
6	978-7-111-57825-3	重新定位（经典重译版）	（美）杰克·特劳特、史蒂夫·里夫金
7	978-7-111-34814-6	与众不同（珍藏版）	（美）杰克·特劳特、史蒂夫·里夫金
8	978-7-111-57824-6	特劳特营销十要	（美）杰克·特劳特
9	978-7-111-35368-3	大品牌大问题	（美）杰克·特劳特
10	978-7-111-35558-8	人生定位	（美）艾·里斯、杰克·特劳特
11	978-7-111-57822-2	营销革命（经典重译版）	（美）艾·里斯、杰克·特劳特
12	978-7-111-35676-9	2小时品牌素养（第3版）	邓德隆
13	978-7-111-66563-2	视觉锤（珍藏版）	（美）劳拉·里斯
14	978-7-111-43424-5	品牌22律	（美）艾·里斯、劳拉·里斯
15	978-7-111-43434-4	董事会里的战争	（美）艾·里斯、劳拉·里斯
16	978-7-111-43474-0	22条商规	（美）艾·里斯、杰克·特劳特
17	978-7-111-44657-6	聚焦	（美）艾·里斯
18	978-7-111-44364-3	品牌的起源	（美）艾·里斯、劳拉·里斯
19	978-7-111-44189-2	互联网商规11条	（美）艾·里斯、劳拉·里斯
20	978-7-111-43706-2	广告的没落 公关的崛起	（美）艾·里斯、劳拉·里斯
21	978-7-111-56830-8	品类战略（十周年实践版）	张云、王刚
22	978-7-111-62451-6	21世纪的定位：定位之父重新定义"定位"	（美）艾·里斯、劳拉·里斯 张云
23	978-7-111-71769-0	品类创新：成为第一的终极战略	张云